UNE SEMAINE

DE LA

Commune de Paris

PAR

M. L'ABBÉ RAVAILHE

Curé de Saint-Thomas d'Aquin, à Paris.

PARIS

SOCIÉTÉ GÉNÉRALE DE LIBRAIRIE CATHOLIQUE

VICTOR PALMÉ, DIRECTEUR GÉNÉRAL

76, rue des Saints-Pères, 76

BRUXELLES	GENÈVE
J. ALBANEL, Dr de la Succursale	H. TREMBLEY, Dr de la Succursale
12, RUE DES PAROISSIENS	RUE CORRATERIE, 4

UNE SEMAINE

DE LA

COMMUNE DE PARIS

UNE SEMAINE

DE LA

COMMUNE DE PARIS

UNE SEMAINE

DE LA

Commune de Paris

PAR

M. L'ABBÉ RAVAILHE

Curé de Saint-Thomas d'Aquin, à Paris.

PARIS

SOCIÉTÉ GÉNÉRALE DE LIBRAIRIE CATHOLIQUE
VICTOR PALMÉ DIRECTEUR GÉNÉRAL
76, rue des Saints-Pères, 76

BRUXELLES	GENÈVE
J. ALBANEL, Dr de la Succursale	H. TREMBLEY, Dr de la Succursale
12, RUE DES PAROISSIENS	RUE CORRATERIE, 4

1883

Quelques mots de Préambule

QUELQUES MOTS DE PRÉAMBULE

I

*Les lettres qu'on va lire furent écrites en 1872,
à la demande du Clergé de Saint-Thomas d'Aquin;
et d'un ami qui avait pris une grande part à nos
tribulations, pendant la Commune, et nous avait
témoigné un intérêt très vif. Elles n'étaient pas
destinées à être rendues publiques. Relation intime
et simple mémorial de ce que la Providence avait
fait, en ces jours mauvais, pour une paroisse pri-
vilégiée, elles devaient rester ensevelies dans le porte-*

feuille de l'ami à qui elles étaient adressées, ou, si elles devaient en sortir, c'était uniquement pour être résumées dans les registres de la fabrique de Saint-Thomas d'Aquin, afin d'y conserver authentiquement le souvenir de notre dette et de notre reconnaissance envers Dieu.

Des circonstances indépendantes de la volonté de l'auteur et inutiles à rapporter ici, ont fait violer le secret. Un journal religieux hebdomadaire a eu la première confidence, pour une petite partie; et plus tard, l'importante Revue du Monde catholique a achevé la divulgation. L'intérêt qui s'attache aux moindres événements de cette époque funeste a fait, dit-on, lire avec bienveillance cette relation, malgré ce qu'elle a de trop personnel, malgré le peu d'importance, au point de vue général de la plupart des faits qu'elle rappelle.

Cela suffit-il pour en excuser la publication à part? C'est au lecteur à le dire. L'auteur subira humblement sa sentence. Il s'est laissé persuader

qu'une fois sorties de leur obscurité, il n'y avait
plus de raison pour empêcher que ces lettres devins-
sent, au gré de quelques amis trop bienveillants,
un petit livre peu importun et peu bruyant. S'il
est lu, il le sera sans le moindre danger ; s'il n'est
pas lu, il n'aura pas trompé l'espoir de l'auteur,
et n'encombrera guère les magasins de l'Éditeur.

II

Ce n'est pourtant pas sans quelque embarras que
l'on s'est décidé à cette publication. Le commerce
d'ami à ami permet de descendre dans les plus
menus détails : ce sont même les détails qui font le
corps et même l'intérêt des lettres intimes. Avec le
public, il en va autrement. Le public c'est tout le
monde, et tout le monde ne s'intéresse guère qu'à
ce qui a un caractère général, une importance
universelle. Quelle apparence qu'il consente à s'occuper, même pour une demi-heure, de ce qui se

passe autour d'une église, dans une sacristie, pendant qu'au-dehors se décide le sort de toute une
société de près de quarante millions de citoyens, et
se livre une bataille à outrance entre tout ce qui
est honnête dans cette société et une armée de bandits
que des circonstances, sans précédent, ont rendus,
pour quelques mois, maîtres de la capitale de la
France ?

Il faut dire cependant que, pour être secondaires,
les faits qui font le sujet de ces lettres, ne sont pas
étrangers aux grands événements de la Commune
de Paris. Ils s'y relient intimement; ils en font
même partie. Personne n'ignore que cette insurrection formidable était pour le moins aussi religieuse
que politique; elle était sociale. L'instinct du mal,
qui se trompe rarement sur les moyens d'arriver à
ses fins, sait fort bien que, pour avoir raison d'une
société, il doit s'attaquer à la religion, qui lui sert
de base. Comme il est vrai qu'il n'y a pas, qu'il
n'y a jamais eu d'État sans religion, il est égale-

ment vrai que toute révolution commence par saper la religion. Celle que l'on appelle, et avec trop de raison, la Grande, avait été préparée par quatre-vingts ans de guerre savante contre le Christianisme. Celle de 1830 fut la conséquence de la résurrection de Jean-Jacques Rousseau et de Voltaire, à la faveur de la liberté donnée par la Restauration[1]. Elle surgit des refrains impies de Béranger, presqu'autant que des conciliabules criminels du Palais-Royal. Le régime inauguré alors, après avoir commencé par la guerre à la Croix, par la destruction du Palais archiépiscopal de Paris et la dévastation de Saint-Germain l'Auxerrois, ayant compris que, pour vivre, il lui fallait signer une trêve avec la religion séculaire, l'esprit révolutionnaire se crut trahi, et recommença ses protestations dans les chaires de l'État les plus retentissantes, à

[1] Les rééditions de ces deux ennemis du christianisme se multiplièrent d'une manière qui porta l'alarme dans l'Église, surtout par le caractère populaire qu'on leur donna.

la Sorbonne, et au collège de France, par la bouche des professeurs les plus applaudis, MM. Quinet et Michelet. Ceux-ci ne firent que blesser et salir la religion qu'ils voulaient détruire, mais ils tuèrent le régime qu'ils aimaient.

Après eux, soit lassitude, soit crainte, on sembla se réconcilier avec la religion; il y eut quelques années de silence et d'un repos relatif. Les bons crurent pouvoir se rassurer; mais les méchants au lieu de trembler [1], recommencèrent leur travail de sape, qui fut mené fort savamment; il aboutit, comme toujours, à la guerre à l'Église, à la guerre à la papauté, à la guerre à Jésus-Christ, à la guerre à Dieu et au renversement de cet Empire, que l'on croyait établi pour des siècles.

[1] On n'a pas oublié la parole de Louis-Napoléon, en 1852 :
« Il est temps que les bons se rassurent et que les méchants tremblent. »

III

Cette fois la guerre est plus acharnée et plus radicale qu'elle n'ait jamais été.

Voyez la progression : sous la restauration, c'était simplement, en apparence, une lutte entre l'ancien régime et le libéralisme, le libéralisme et l'ancien régime; sous Louis-Philippe, d'abord un désaccord entre la raison et la foi; puis, un engagement entre la Révolution et l'Ultramontanisme; enfin, une charge à fond contre le Jésuitisme.

Comme vous le voyez, jusque-là, pour le public benoît ou complaisant, les choses se passaient en dehors du sanctuaire. Le fond de la religion n'était pas en cause. Dès le premier jour de 1870, après le 4 septembre, il fut clair pour tous ceux qui n'étaient pas absolument aveugles, que les licences laissées ou données par l'Empire avaient produit leur effet. La guerre d'Italie avait bien été une guerre contre l'Église ; la mission donnée à M. Renan était bien une mission contre le Christianisme ; la faveur accordée à son enseignement et à l'enseignement de ses pareils était bien la négation de la divinité du Sauveur. Tout cela éclata dans les sanglants désordres des premiers jours de ce nouvel acte de la Révolution permanente au milieu de laquelle nous sommes condamnés à vivre.

Il ne fut plus question de libéralisme, de réforme, d'ultramontanisme, de jésuitisme, mais bien purement et simplement d'athéisme. Les plus modérés parlèrent de cléricalisme, et ils dirent que c'était là l'ennemi ; mais l'abîme entraîne : il fallut bientôt avouer que cléricalisme voulait dire catholicisme, et bientôt après, qu'il voulait dire christianisme, et enfin, qu'il voulait dire Religion, de quelque nom qu'elle se parât, sous quelque symbole qu'elle se présentât.

IV

Voilà pourquoi nous avons tant souffert en 1871, et pourquoi nous sommes si cruellement éprouvés à l'heure présente. Voilà aussi pourquoi je disais que ce qui s'était passé à Saint-Thomas d'Aquin se reliait, comme une partie au tout, aux scènes les plus désordonnées des jours de la Commune de Paris. Nous subissions, avec des circonstances exceptionnellement douces, le sort de toutes les paroisses de la grande cité. Et dans notre église et hors de l'église, et dans nos écoles et dans nos rues, il nous fut donné de connaître jusqu'où la passion irréligieuse peut pousser les esprits égarés.

Personne n'a oublié ses excès.

Elle choisit parmi nous, je dis dans l'Église de Paris, ses plus nombreuses et ses plus illustres victimes : notre Archevêque, trois Vicaires Généraux, trois Curés de Paris, deux vicaires, et jusqu'à un

simple séminariste, toute la hiérarchie : parmi nos
religieux de tous les Ordres, Jésuites, Dominicains,
Picpuciens, frères de Saint-Vincent de Paul, prêtres
des Missions Étrangères, Frères des Écoles Chrétiennes… ce qu'il y avait de plus en vue, de plus
respecté, de plus nécessaire.

Ne croyant pas pouvoir, sans soulever le dégoût
universel, fusiller de pauvres religieuses, elle chercha
à les déshonorer.

Les Dominicaines de la rue de Charonne furent
expulsées de leur maison et jetées dans la rue, sans
asile ni ressources, comme ayant occupé des lieux
usurpés par elles ;

Les Dames de l'Adoration Perpétuelle, de la rue
de Picpus, poursuivies à outrance par le citoyen de
Rochefort, sans qu'on puisse deviner pourquoi, furent accusées de torturer leurs élèves, enlevées de
leur maison, bâtie à leurs frais, et conduites dans la
prison des femmes perdues, mêlées avec elles, à
Saint-Lazare ;

Les Dames de l'Assomption, à Auteuil, eurent à subir, comme la maison de Picpus, l'accusation de posséder dans leur pensionnat tout un arsenal d'instruments de tortures, à l'usage de leurs jeunes élèves.

Il était naturel que les édifices religieux ne fussent pas plus respectés que les personnes. Ils connurent tous les outrages : profanations, sacrilèges, pillage, dévastations, incendies.

Notre-Dame de Paris, cette gloire de l'art chrétien, ce témoin sacré de toute notre grande histoire pendant plus de sept siècles, n'échappa que par une espèce de miracle à sa ruine par l'incendie. Le feu avait déjà dévoré les pierres de sa table de communion et commençait à attaquer sa chaire pontificale, lorsqu'une colonne de fumée donna l'éveil qui la sauva ;

L'église Notre-Dame de Bercy fut moins heureuse et fut entièrement consumée par les flammes ;

L'église Notre-Dame de Lorette, que sa parure

artistique aurait dû protéger à défaut de respect religieux, fut pillée et dévastée, et servit pendant de longs jours de corps-de-garde, à une troupe immonde, hommes et femmes, qui y commit les plus honteux sacrilèges;

Notre-Dame de Bonne-Nouvelle fut également pillée et eut ses autels brisés;

Saint-Jean-saint-François perdit entr'autres tous ses ornements précieux, qui furent lacérés, et leurs broderies d'or et d'argent emportées;

A Saint-Laurent et à Notre-Dame des Victoires, autre genre de profanation. Ces deux églises, comme nombre d'autres, au reste, ont des cryptes, lesquelles, comme partout, avaient servi de sépulture; on partit de là pour accuser le clergé de ces deux paroisses, de tous les crimes imaginables. On étala les ossements que renfermaient ces voûtes souterraines, on les disposa de manière à frapper, à effrayer tous les regards, et l'on convoqua à grand renfort de journaux, d'affiches et de lithographies, la population entière à venir voir les ossements des victimes de ces scélérats de prêtres.

A Saint-Sulpice, à *Saint-Eustache,* à *Saint-Nicolas des Champs,* à *Saint-Merry,* en dix autres églises, ce fut une profanation d'un autre genre encore : les clubs s'y installèrent. Ces voûtes sacrées retentirent de blasphèmes et de défis portés à Dieu et à Notre-Seigneur. Quelquefois le crucifix, en face de la chaire, était couronné d'un drapeau rouge. Les motions les plus incendiaires, les projets les plus sanguinaires excitaient des acclamations et des applaudissements sauvages.

Tel était l'état de l'Eglise de Paris aux jours dont s'occupent nos lettres. Elles font donc partie de l'histoire de ces Convulsions, dont le souvenir doit être conservé pour l'instruction et l'épouvante des fils de notre malheureuse génération.

Il me resterait de m'excuser de ce qu'il y a de trop personnel dans la trame de ces récits; mais, outre qu'il est facile de comprendre pourquoi c'est

vainement que j'ai tenté de m'abstraire de tout ce
qui regardait mon église et ses dépendances, hommes
et choses ; on trouvera que je m'en suis excusé dès le
début de la première lettre, et l'on voudra bien me
pardonner ce qui m'a plus coûté qu'il ne sera
blâmé.

Première Lettre.

PREMIÈRE LETTRE

Mon bien cher Ami,

Vous le désirez, m'y voilà. C'est une pénible besogne que vous imposez à mon amitié ; mais je ne puis ni ne veux me refuser à l'entreprendre, puisque ces souvenirs, par l'horreur même qu'ils inspirent, peuvent vous intéresser. Vous avez raison de dire qu'on ne connaîtra la Commune de Paris et ses crimes que lorsque, des divers points de la ville, il nous sera venu des témoins oculaires déposant de ce qu'ils auront vu et éprouvé. Les scènes furent très diverses sur un aussi vaste théâtre que la ville de Paris. Personne n'était en mesure de tout voir. Il se peut même — et le long procès qui s'instruit en ce moment, suffirait pour le prouver[1], il se peut qu'il y ait eu des faits contradictoires, inattendus, dans ce pêle-mêle confus d'acteurs sans direction unique, obéissant souvent à leurs propres instincts seulement.

Je ne vous rapporterai que ce qui s'est passé sous mes yeux... *Quæque ipse miserrima vidi,* — *et quorum pars* PARVA *fui.* Peut-être sortira-t-il de ce récit où vous m'engagez quelque leçon nouvelle ou une connaissance plus parfaite de cette triste page de notre histoire.

Vous vous le rappelez, la Commune de Paris

[1] Ceci s'écrivait pendant que les crimes de la Commune se jugeaient à Versailles.

s'installa le 18 mars 1871, et cessa de combattre
et de vivre le 28 mai, jour de la Pentecôte, à quatre heures du soir : en tout soixante et onze jours de vie ; soixante et onze
jours d'entreprises scélérates, d'orgies im-
mondes et de crimes de tout genre. La terreur
partout, la sécurité nulle part. En ces soixante
et onze jours, Paris s'est laissé piétiner par
une horde de va-nu-pieds également dénués
d'intelligence, de probité et de pudeur ; il s'est
laissé outrager, dépouiller, déshonorer, assas-
siner, incendier, comme aurait pu le faire la
dernière bourgade perdue dans un repli des
Alpes ou dans une lande de Bretagne. Les fameux brigands de la Révolution de 93 mirent
quatre ou cinq ans à produire tous les crimes
que leurs plagiaires idiots ont commis en
soixante et onze jours ; et ceux-ci y ont
ajouté l'illumination infernale de la fin de leur
dernière semaine. Heureusement je n'ai pas à

écrire cette horrible histoire. Ma main se refuserait à retracer une pareille série de forfaits, conçus par la corruption inepte et exécutés par la férocité bestiale. Il faut laisser refroidir la cendre de nos monuments incendiés ; étanchons d'abord le sang de nos martyrs ; viendra plus tard l'historien assez calme pour raconter avec ordre, après les avoir recueillis de toutes mains, les innombrables attentats de ces jours néfastes [1].

Pour moi, je veux essayer de les oublier, de les effacer de ma mémoire... que ne le puis-je de ma vie !

Il est pourtant quelques circonstances qui importent particulièrement à ma chère paroisse de Saint-Thomas d'Aquin ; celles-là, vous voulez les connaître, mon cher ami : eh bien !

[1] On voit assez que ceci s'écrivait peu de temps après les événements. Depuis, les *Convulsions de Paris* ont trouvé le vaillant historien que tout le monde connaît.

je ferai l'effort de les rappeler par le menu, d'abord pour répondre à votre désir, et aussi et surtout pour rendre grâce à Dieu d'avoir préservé mon église de toute véritable profanation, et mes vicaires, de la chasse faite aux prêtres en ce moment-là.

Du reste, voici tout de suite ces circonstances dont le détail va nous occuper. Vous me pardonnerez ce qu'il y aura de trop personnel dans le récit. J'ai cherché vainement le moyen d'échapper à cet odieux inconvénient, sachant et sentant autant qu'âme humaine combien *le Moi est haïssable*. J'espère que vous n'imputerez pas à vanité la nécessité que je subis bien malgré moi.

Donc ce qui nous regarde peut se réduire à ces *huit* points :

1° La transformation singulière qui s'opérait dans les postes de gardes nationaux de la Commune envoyés successivement au Comité de de l'artillerie, si voisin de Saint-Thomas d'Aquin ;

2° Ce qui s'est passé à notre première communion, le 4 du mois de mai ;

3° Ma première visite à l'école Saint-Guillaume, 44, rue de Grenelle, le jour, 26 avril, où la municipalité, ayant violé mon domicile, faisait faire l'inventaire de la maison, par le commissaire du quartier, sous la protection d'un poste de gardes nationaux établi là la veille ;

4° La perquisition en l'église de Saint-Thomas d'Aquin, le 11 du mois de mai ;

5° La visite que me fit, à Saint-Thomas d'Aquin, un citoyen, membre du Comité de salut public, le dimanche 14 mai ;

6° Nouvelle visite faite par moi à l'école de la rue de Grenelle, pour empêcher qu'on ne démolît la chapelle de l'établissement et qu'on ne m'infligeât un *citoyen instituteur* : c'était le 15 ou le 16 mai ;

7° L'alerte de la nuit du dimanche 21 au lundi 22 mai, à deux heures;

8° Les quatre perquisitions faites dans mon église, le 22 mai, pendant la bataille de la rue du Bac.

Comme vous le voyez, mon ami, tout ceci se passait au plus fort de la terreur, quand déjà le deuil couvrait l'Église de Paris, par suite de l'incarcération de l'Archevêque et d'un certain nombre de prêtres. Mgr Darboy avait été arrêté le 5 avril. Nos ennemis ne cessaient de répéter dans leurs journaux et dans leurs clubs qu'il fallait envoyer aux remparts, pour recevoir les premiers coups *des Versaillais*, tous les prêtres et les Frères des écoles chrétiennes; ajoutant à l'arrêt de mort prononcé contre nous cette aménité sanglante : que c'était pour nous expédier plutôt dans le ciel, auquel nous devions aspirer. Pouvant tout ce qu'ils voulaient, et ne reculant devant aucun crime, leurs menaces, toujours suivies d'effet, avaient éclairci les rangs des nôtres. La prudence avait conseillé aux plus exposés de chercher un refuge hors de leurs paroisses ; et plût à Dieu qu'un plus grand nombre l'eût fait ! nous n'aurions pas eu tant de victimes à pleurer.

Mais il fallait peut-être tout ce sang innocent pour laver tant de souillures, pour expier tant de forfaits, pour racheter tant de coupables.

Laissez-moi, mon cher ami, me détourner un instant de ces souvenirs sinistres, et recevez ces lignes comme le plus expressif témoignage que je puisse vous donner de mon amitié.

Deuxième Lettre.

DEUXIÈME LETTRE

Mon bien cher Ami,

Pour comprendre ce que j'ai à vous raconter aujourd'hui, il est nécessaire que vous sachiez la position du Comité de l'artillerie, par rapport à l'église de Saint-Thomas d'Aquin. Le Comité de l'artillerie, avant la guerre de 1870, était aussi le musée de l'artillerie, aujourd'hui installé dans les immenses salles de l'immense palais des

Invalides ; et cet édifice n'est autre que le couvent du grand noviciat des dominicains avant la révolution de 1789. Il est mur mitoyen avec l'église de Saint-Thomas d'Aquin, qui elle-même n'est autre que la chapelle de ce couvent. On accède à l'un et à l'autre par une place en hémicycle, sur laquelle débouchent deux courtes rues : la rue de Gribeauval, venant de la rue du Bac et faisant face à la porte d'entrée du Comité ; l'autre, en équerre avec la précédente, venant de la rue Saint-Dominique [1] et faisant face au grand portail de l'église, porte le nom de Saint-Thomas d'Aquin. Si l'on vient de la rue Saint-Dominique, au sud de la place, on a devant soi l'église ; à sa droite, l'entrée du Comité ; à sa gauche, la rue de Gribeauval et la grande artère qui conduit à la Seine, au nord ; la célèbre rue du Bac.

(1) Aujourd'hui boulevard Saint-Germain.

Au début de la guerre avec la Prusse, l'administration s'était hâtée de déménager le
musée de l'artillerie, afin qu'il ne fût pas exposé à tomber entre les mains de nos ennemis. Et l'opération se fit avec tant de soin,
de diligence et de secret, que personne dans le
quartier n'en fut instruit, et qu'on n'a pas su
depuis ni quand cet énorme matériel avait été
déplacé, ni où il fut transporté. Le musée n'occupait pas seul le vaste emplacement du couvent des dominicains. L'administration de la
guerre y a bâti de grands ateliers pour le per-
fectionnement des armes à feu. C'est là que sont
présentées, approuvées, essayées, les inventions
relatives à la balistique, que sont rayés les canons,
etc. Pendant la guerre, l'activité était grande
dans ces ateliers, et, de plus, on avait accumulé
dans les cours de formidables approvisionnements
de fer, de plomb, de poudre, d'engins de toute
sorte, soit pour l'attaque, soit pour la défense.

Ce poste était regardé comme très important, tant à cause de sa position, au centre du faubourg Saint-Germain, qu'à cause du point stratégique qu'il occupe, à proximité des ministères et des Tuileries, qu'à cause des armes et des montagnes de projectiles qu'il renfermait. Là encore se trouvaient des ouvriers habiles et exercés, et des chefs d'atelier d'élite. Il se comprend de reste que la Commune n'eût pas négligé de faire occuper par *des hommes de confiance* un poste de cette importance.

Aussi, dès le premier jour, les militaires durent céder la place aux gardes nationaux de l'heure présente. Et ceux-ci venaient des bons endroits. On reconnaissait facilement qu'ils avaient été choisis, au négligé de leur tenue, à la férocité de leurs regards, à leur attitude menaçante. Ils avaient l'air dépaysés et semblaient être envoyés là plutôt pour effrayer le quartier que pour le protéger.

Les quelques mots que l'on pouvait entendre de leurs conversations de corps de garde, nous avertissaient assez que, s'ils ne se croyaient pas chez eux, il étaient bien décidés à faire sentir leur autorité dans ce pays suspect et sans doute ennemi.

L'église de Saint-Thomas d'Aquin se trouvait trop près d'une pareille garnison. Ce qui, en d'autres temps, nous était une cause de sécurité, devenait aujourd'hui une cause de véritable inquiétude. Visiblement l'église était surveillée avec une hostilité menaçante ; les fidèles qui s'y rendaient étaient comptés et grossièrement *toisés*. On avait l'air de leur dire : « Hâtez-vous, bonnes gens, dans vos ineptes superstitions ; ceci ne durera plus long-temps. » Ces grimauds à la barbe et aux cheveux incultes, à l'uniforme aussi sale que peu réglementaire, affectaient de se promener toute la journée le long de la grille qui entoure les grandes portes de l'église, en sorte qu'il fallait presque les coudoyer pour en franchir le seuil.

Les fidèles, le peu de fidèles que comptait alors présents à Paris la paroisse Saint-Thomas d'Aquin, sans avoir l'air de s'occuper ni de leur air peu rassurant, ni de leurs façons peu protectrices, suivirent, avec une exactitude plus remarquable peut-être à cause des circonstances, leurs habitudes chrétiennes. Cette assiduité tranquille aux offices de l'église, cette fréquentation du lieu de la prière à toutes les heures de la journée, étonnaient d'abord des faubouriens ne connaissant le nom de Dieu que pour le blasphémer. Mais bientôt nous pûmes remarquer l'influence d'une atmosphère honnête sur les âmes les moins bien disposées. Les regards de nos surveillants devenaient plus humains. Ils portaient eux-mêmes un peu plus de soin à leur toilette, et laissaient plus libres les avenues de l'église. Se trouvant bien dans ce vaste et paisible local, où ils étaient abondamment pourvus de toutes choses, où rien ni personne ne les inquiétait, ils ne demandaient pas à être relevés de ce poste de choix, et, après deux semaines, ils étaient apprivoisés, presque acclimatés. Il leur arrivait quelquefois de saluer les ecclésiastiques et d'adresser à quelques-unes des personnes qu'ils voyaient passer plus souvent, des paroles d'un intérêt vrai, quoique trop familièrement exprimé. C'est ainsi qu'une patricienne des plus vénérables, proche parente des derniers Montmorency, Mme la baronne de Breda, fidèle, malgré son âge et ses infirmités, à sa double visite journalière à Saint-Thomas d'Aquin, fut un jour accostée par l'un d'eux qui, de sa rude main, lui soutint le bras pour l'aider à monter les trois ou quatre marches du perron de l'église, en lui disant de sa voix la moins sau-

vage possible : « Allons, petite mère, que l'on
vous aide à monter cette marche. »

Ils en vinrent à me faire prévenir que je
n'eusse rien à craindre ; que si quelqu'un me
menaçait, ou menaçait mes prêtres ou mon
église, je n'avais qu'à me réclamer d'eux, bien
assuré d'être défendu et protégé. Nous étions
en carême ; aucun de nos exercices habituels
n'avait été interrompu. Pour celui du soir, les
fidèles entraient par la porte d'un couloir couvert, qui de la place va à la sacristie, en lon-
geant le mur du Comité. Ce couloir est long
de toute la longueur de l'église, étroit, éclairé
d'une seule lanterne de gaz. Il était facile de
s'y cacher pour causer du désordre dans
l'église, et même pour tirer sur le poste, dont le
factionnaire se trouvait juste à l'entrée du passage. Nos farouches gardiens humanisés me
firent demander de *fermer cette porte, au moins à
la nuit tombante, dans un intérêt d'ordre et de*

sécurité. Ils n'eurent pas besoin de me le répéter : leur demande était aussi motivée que convenablement présentée.

La Semaine sainte, ces hommes, que l'église semblait importuner d'abord, furent très assidus à nos beaux offices. Le jour de Pâques, ils assistèrent à la première messe, et plusieurs revinrent à la messe solennelle.

Peu s'en fallut cependant que le Jeudi saint au soir ils ne causassent du désordre, et un désordre sérieux. Les affaires se brouillaient de plus en plus ; l'agitation de la rue devenait plus vive, plus universelle. Les clubs parlaient plus haut. La veille, l'archevêché avait été occupé militairement, et l'Archevêque conduit à la Conciergerie. Il me sembla prudent de ne pas tenir l'église ouverte à huit heures du soir. C'était priver les fidèles d'un des plus touchants offices de l'année, d'un sermon sur l'institution de l'Eucharistie, du chant toujours aimé du

Stabat, de l'adoration si fréquentée au Tombeau. Mais c'était aussi, autant que la prudence pouvait permettre de l'espérer, se mettre à l'abri d'une irruption désordonnée et sacrilège.

A la fin de l'office des Ténèbres, il fut annoncé que l'église serait immédiatement fermée jusqu'au lendemain, et l'avis en fut affiché aux portes. On pouvait espérer que les fidèles informés préviendraient eux-mêmes de proche en proche ceux qui n'avaient pu l'être, et qu'il n'y aurait point d'attroupement aux portes de l'église, à l'heure où tous les ans on s'empressait à l'office du soir. Nous fûmes trompés. Entre sept heures et huit heures, les fidèles arrivaient nombreux, et, trouvant les portes closes, lisaient et commentaient l'affiche. Le poste alors s'intrigue, demande pourquoi l'église a été fermée le soir d'un Jeudi saint, et, reprenant son naturel, menace de faire ouvrir de force ou d'enfoncer les portes.

Prévenu à temps, j'expose avec une calme assurance ce que je puis donner des raisons qui m'ont fait agir; je fais dissiper par mes employés les groupes grossissant à chaque instant, fort peu rassurés, d'ailleurs; et, après avoir parlementé, on veut bien croire qu'il n'est entré dans mon fait aucune défiance contre le poste. On feint du moins de le croire : car, au fond, j'étais sérieusement suspecté, comme le prouve ceci. Le chef du poste fit visiter toutes les églises de l'arrondissement, pour s'assurer que la même mesure avait été prise partout; ce qui, heureusement pour Saint-Thomas, se trouva vrai. Le rapport qui en fut fait calma les esprits, et dissipa les préventions. Le lendemain, Vendredi saint, les mêmes précautions purent être prises, sans provoquer la moindre observation.

Nos gardiens étaient devenus trop humains pour nous rester plus longtemps. Le mardi

11 avril, ils furent relevés, probablement envoyés aux remparts, et remplacés par des
citoyens venus de la Villette, nouveaux dans
le quartier, et dont l'aspect ne nous disait rien
de bon. Le clergé de la paroisse en était ému
plus encore que les fidèles. On en causait à
voix basse, par petits groupes. Je crus devoir
prier mes confrères d'éviter ces airs préoccupés
et ces conversations à la cantonade qui nous
exposeraient à être traités comme de gens
suspects, c'est-à-dire à être chassés de chez
nous, peut-être conduits à la Conciergerie. Une
attitude naturelle, une assurance simple,
comme si le poste n'existait pas, me semblait
la seule manière de nous sauver, si nous pouvions être sauvés.

Dieu permit que ces nouveaux venus, après
quelques jours, ne proférassent plus de paroles
d'impiété et de menaces; et les abords de Saint-
Thomas furent bientôt aussi accessibles qu'ils

l'étaient avant leur arrivée. Ces transformations à peine croyables se continuèrent encore après eux, et vous verrez bientôt, mon cher ami, ce que pouvaient devenir ces soldats citoyens aux gages d'une Commune persécutrice et féroce. A l'honneur de la conscience humaine, il n'est pas de miracle de conversion que ne puisse opérer le spectacle continu d'une vie régulièrement chrétienne, tranquille au milieu des agitations les plus passionnées, confiante en Dieu malgré les plus graves sujets de crainte et de terreur.

Troisième Lettre.

TROISIÈME LETTRE

Mon bien cher Ami,

USQU'ICI, de la Commune, nous ne connaissons, à Saint-Thomas d'Aquin, qu'un spectacle désagréable aux yeux et quelques menaces non suivies d'effet. Nous allons entrer dans une période plus douloureuse.

Comme vous le savez déjà, dès le Mercredi saint, l'église de Paris était plongée dans le

deuil. Plusieurs de ses prêtres les plus respectés
avaient été incarcérés ; ce jour-là même, notre
grand Archevêque était conduit à la Conciergerie, sous le prétexte d'avoir à répondre à
quelques questions qui devaient lui être posées
par les féroces proconsuls siégeant au palais de
justice. Monseigneur, dans sa confiante bonne
foi ne croyait pas à une arrestation. Cependant
l'appareil militaire qui encombrait la cour et
les salles de son palais, aurait pu dessiller les
yeux d'un homme aussi avisé et aussi informé
qu'il l'était. Mais son grand cœur se refusait
à croire à une barbarie froide et sans motif.
Il nous avait bien dit, dans une conférence de
notre dernière retraite ecclésiastique, que les
temps étaient très mauvais ; que nous aurions
plus prochainement qu'on ne pensait, beaucoup
à souffrir ; qu'il y faudrait probablement mettre
la tête ; « mais, ajoutait-il avec ce sourire fin
et discret dont étaient souvent accompagnées

ses paroles les plus graves et les plus solennelles, mais nous l'y mettrons tranquillement : ce n'est pas plus difficile que cela. » Sans doute il ne croyait pas le moment encore venu, puisque, se levant à la première parole du soudard chargé de l'arrêter : « Eh bien! dit-il, allons au Palais »; et, se faisant accompagner d'un de ses vicaires généraux, il sortait de son appartement, sans même prendre son bréviaire. Il fallut que son compagnon de captivité l'y fît penser par cette parole grave : « Nous ne savons pas, Monseigneur, si nous pourrons rentrer ce soir ici. »

A ce moment-là, une vague inquiétude m'avait porté, accompagné de M. l'abbé Lemaitre, mon second vicaire, jusqu'à l'archevêché. Nous fûmes insultés dans la rue de Las Cases. Arrivés à la rue de Grenelle, nous nous trouvâmes au milieu d'une compagnie de soldats du désordre, échelonnée jusqu'au portail du palais archiépiscopal. Là on nous permit à peine d'entrer dans la cour. Le concierge effrayé était chassé de chez lui ; des groupes d'hommes à mine plus que suspecte stationnaient en vingt endroits dans la grande cour. Nous demandons à parler à Mgr l'Archevêque ; le concierge n'a pas l'air de nous entendre. J'insiste avec d'autant plus de vivacité, que l'appareil était plus menaçant. M. l'abbé Lemaitre me prend par le bras et m'entraîne hors de la porte : il avait vu un mouvement qui menaçait ma liberté. Nous n'avions pas fait cinquante pas dans la rue de Grenelle, pour rentrer chez nous, les larmes aux yeux et le cœur serré d'appréhensions sinistres, que nous nous voyons dépassés par un ignoble fiacre, par la portière duquel Monseigneur nous fait l'honneur de nous saluer, et je n'en doute pas, de nous bénir. Il n'est pas difficile de concevoir quelle fut en ce moment notre douleur. Nous exprimâmes amèrement nos regrets que notre Archevêque, sourd à toutes nos sollicitations, n'eût pas consenti à s'éloigner de Paris, comme il lui était si facile de le faire. Je puis me rappeler ce qu'il m'avait répondu huit jours auparavant. Consulté par moi sur la conduite que nous avions à tenir dans les circonstances difficiles où nous nous trouvions, il me dit : « Il n'y a rien à prescrire que la prudence. Quelques-uns croient qu'elle commande de s'éloigner; je sais bien que vous ne vous éloignerez pas. Confiez-vous en Dieu, et agissez et parlez suivant qu'il vous inspirera. » Puis, m'étant permis de joindre ma prière à celle de tant d'autres qui le suppliaient de se mettre à l'abri, à quelques lieues de Paris, il ajouta d'un ton presque sévère : « Comment pouvez-vous me conseiller ce que vous ne voulez pas faire vous-même? Restons à notre poste. »

Donc la persécution était inaugurée avec

éclat. Sous le nom d'otages, les victimes choisies par de féroces scélérats s'entassaient dans
les prisons des criminels. Leurs noms sont désormais saintement célèbres ; toute la terre les
connait et les vénère : ceux-mêmes qui ont
échappé à la fusillade, sont honorés comme
confesseurs de la foi[1].

[1] Rappelons ici, pour sanctifier ces pages, les noms et qualités des victimes qui eurent le terrible et glorieux honneur de
partager la captivité de notre Archevêque et de le suivre au
martyre : Mgr Surat, son vicaire-général ; M. l'abbé Deguerry,
curé de la Madeleine ; M. l'abbé Bécourt, curé de Notre-Dame
de Bonne-Nouvelle ; M. l'abbé Planchat, de l'Institut des Frères
de Saint-Vincent-de-Paul, fondateur et directeur du patronage
Sainte-Anne, à Charonne ; M. l'abbé Sabatier, vicaire de Notre-
Dame de Lorette ; le R. P. Houillon, des Missions Étrangères ;
M. l'abbé Allard, ancien missionnaire en Chine ; les RR. PP.
Olivaint, Ducoudray, Clerc, Caubert et de Bengy, de la compa-
gnie de Jésus ; les RR. PP. Radigue, Tuffier, Ronchouse et
Tardieu, de la congrégation de Picpus ; M. l'abbé Seigneret,
séminariste ; et le Cher Frère Néomède Justin, des Frères des
Écoles Chrétiennes.

Enfin les RR. PP. Captier, supérieur du Tiers-Ordre ensei-
gnant des FF. Prêcheurs et Directeur de l'École d'Arcueil,
Delhorme, Bourard, Chataguéret et Cotrault, du même Ordre
et professeurs à la même école. Ceux-ci avaient échappé à la
prison, mais ils furent pris dans leur école et martyrisés boulevard d'Italie, près les Gobelins.

Les clubs en ce moment demandaient leurs
têtes ; les journaux du crime répétaient de leurs
mille échos, dans la rue, et vendaient un sol
chaque matin les motions sanguinaires des clubs.
Les maisons religieuses étaient violées. Les
églises commençaient à être profanées. La Terreur reparaissait avec toutes ses horreurs, après
quatre-vingts ans, dans ce Paris si fier tout à
l'heure de sa civilisation douce et raffinée et de
son courage devant l'ennemi et devant la faim.

L'histoire ne croira pas ce que nous avons
été condamnés à voir. Les saturnales sacrilèges
de Picpus, de l'Assomption, de Saint-Laurent,
de Notre-Dame des Victoires, de Notre-Dame
de Lorette, etc., aussi bien que les tueries
sauvages de la fin et les incendies sans précé-

Il y eut encore d'autres otages, qui durent leur délivrance
à l'arrivée des troupes de Versailles, mais qui succombèrent
bientôt aux émotions de leur captivité. Citons seulement
M. l'abbé Bayle, vicaire-général de Paris; M. l'abbé Molon,
curé de Saint-Séverin; M. l'abbé Berthaux, curé de Montmartre.

dent des derniers jours, lui sembleront une page à effacer des annales de la France.

Eh bien! c'est au milieu de cette invasion de la barbarie athée et féroce qu'il s'agissait pour nous de préparer nos enfants à la première communion. Ainsi qu'aux premiers siècles de l'Église, on se préparait au martyre par la participation aux saints mystères. Il fallait armer nos chers enfants contre le scandale de cette nouvelle persécution; et si nous devions tous tomber victimes des fureurs sanguinaires qui grondaient sur nos têtes, nous leur aurions du moins donné la force de Dieu pour les soutenir.

Le conseil de mes catéchistes n'était pas unanime pour fixer le jour de la cérémonie. Avant la guerre civile, nous étions convenus du 4 mai. Les soins donnés à nos enfants avaient été gradués en vue de cette date. Mais les circonstances étaient bien changées! Les ans voulaient devancer cette époque, dans la crainte, hélas! trop raisonnable, de ne pouvoir atteindre au 4 mai, sans des troubles qui rendraient notre première communion impossible; d'autres voulaient la différer jusqu'à ce que la paix nous fût rendue. Les deux partis présentaient de graves inconvénients : à raison même du grand ordre de nos catéchismes, les enfants n'étaient pas prêts, ne pouvaient être préparés, selon notre cœur et selon les habitudes de la paroisse, avant l'époque fixée; et d'autre part, si nous différions, nous courions le risque de ne pas faire de première communion de l'année. Il serait impossible de réunir les enfants, dès que les écoles seraient fermées, et elles allaient l'être. Et comment, plus tard, après une plus ou moins longue interruption des classes et des catéchismes, leur redonner les sentiments de préparation qu'ils avaient en ce moment?

Il fallait donc se décider pour l'avis de ceux qui voulaient s'en tenir à la date du 4 mai.

On s'y décida, et j'en bénis Dieu. Les enfants des familles absentes de la paroisse, dont deux de mes vicaires étaient peut-être un peu trop préoccupés en cette circonstance, profiteraient plus tard, à la rentrée de leurs parents dans Paris, d'une seconde cérémonie dans laquelle ceux que nous avions sous la main pourraient renouveler et recevoir la confirmation, à laquelle il ne fallait pas songer en ce moment ; et, en attendant, nous avions toute raison de croire suffisants, pour une préparation parfaite de ceux-ci, les quelques jours, si le Ciel nous les accordaient, qui nous séparaient de l'époque fixée. Ainsi nous mettions ces chers enfants à l'abri du grave danger de perdre leurs bonnes dispositions actuelles, et d'être dispersés par la tempête avant le grand et solennel acte destiné à grandir et à affermir leurs jeunes vertus.

La retraite préparatoire se fit avec un remarquable recueillement. Parents et enfants y apportèrent un zèle égal, une égale bonne volonté. Des précautions de prudence furent prises pour ne pas attirer les regards du poste voisin. Celui-ci nous était venu de Montrouge, autre provenance peu rassurante. Chaque soir, nous remerciions Dieu de n'avoir pas été troublés. Enfin nous voilà au jeudi 4 mai.

Rien ne fut changé à l'ordre accoutumé de cette solennité toujours si touchante, si ce n'est une légère modification dans l'entrée des enfants dans l'église. Les petites filles, dont les vêtements blancs auraient pu exciter une curiosité malveillante sur la place toujours surveillée, durent prendre entrée par la porte donnant sur la rue du Bac. Les garçons seuls purent entrer par la grande porte. Tous les mouvements se faisaient dans un silence discret. Nous ne nous cachions pas, mais nous évitions tout éclat.

Cependant les sons de l'orgue, et peut-être aussi une affluence inaccoutumée aux abords de l'église, ayant éveillé, malgré nous, l'attention de nos peu bienveillants gardiens, ils entrèrent successivement presque tous dans le lieu saint, pour voir ce qui s'y passait d'extraordinaire. Leur apparition en pareil moment causa une émotion d'inquiétude très concevable, tant parmi les prêtres qui se trouvaient au milieu des enfants, que parmi les parents de ceux-ci, pour la plupart d'ailleurs très peu rassurés. Allaient-ils troubler la cérémonie par une démonstration hostile ? les enfants seraient-ils dispersés dans un tumulte trop facile à exciter en une assemblée nombreuse, déjà épeurée, où les femmes et les enfants sont en majorité ?

Il aurait suffi pour cela d'une parole, d'une attitude seulement irrévérencieuse.

Nous fûmes plus heureux. Les enfants ne se doutèrent de rien, tournés vers l'autel et re-

cueillis qu'ils étaient. La plupart des parents
firent bonne contenance. Et les chants cou-
vrirent le bruit inévitable de cette invasion
aussi importune qu'inopportune. Moi-même,
montant à l'autel en ce moment-là, je n'en fus
nullement averti.

Mais au premier *Dominus vobiscum* de la
messe, je pus voir, non sans quelque pénible
surprise, contre la porte, au-dessous de l'orgue,
cette rangée de témoins que nous n'avions pas
appelés. Je m'en remis vite à la providence du
Seigneur, qui devait, ce me semblait, protéger
cette douce et pieuse cérémonie. En effet,
pour la trois ou quatrième fois, et, à ce coup,
d'une manière plus solennelle et plus émou-
vante, nous dûmes constater l'influence des
souvenirs religieux dans les âmes les plus éga-
rées.

Ces hommes, ramassés dans les faubourgs
les plus surexcités par les passions de l'heure

présente, se sentirent pénétrés de sentiments qui leur étaient inconnus depuis longtemps, en voyant cette assemblée recueillie dans sa prière et tout occupée du grand acte qui allait s'accomplir. Ainsi durent souvent se sentir émus, à l'entrée des catacombes, devant les premiers chrétiens se préparant à la mort, les satellites des persécuteurs romains.

Les chants pieux, la prière fervente, la candeur des enfants, l'attitude attendrie des parents, la sollicitude des prêtres, les parfums de l'autel, la solennité du saint Sacrifice, et, par-dessus tout, la grâce réveillant au fond des âmes des souvenirs incomparables, tout cela n'était-il pas fait pour remuer et apaiser ces malheureux, quelque enfiévrés qu'ils fussent ?

Il en fut sans doute ainsi, puisque leur attitude pendant la cérémonie entière fut tout à fait convenable. A la fin, leur chef ne put s'empêcher de dire tout haut : « Citoyens, cela est très beau! très beau! » Quelqu'un lui ayant dit alors qu'il n'avait manqué à cette fête qu'une chose, une procession des enfants sur la place de Saint-Thomas d'Aquin, procession qui se faisait tous les ans, il demanda avec un peu de vivacité pourquoi elle n'avait pas eu lieu, et si le citoyen curé se défiait d'eux. Sur la réponse que c'avait été uniquement un acte de prudence et pour ne pas exposer le poste à intervenir, au cas où quelque mauvais sujet aurait voulu troubler la procession : *Ah! * reprit-il, *je me serais chargé d'empêcher le moindre désordre, et l'on aurait pu s'en rapporter à moi. —* Eh bien ! lui dit-on, *nous avons ce soir, à deux heures et demie, une nouvelle réunion : si vous le voulez, nous demanderons à M. le Curé de nous permettre la procession, lui assurant que vous voulez bien répondre de l'ordre. —* Oh! *j'en fais mon affaire, et vous verrez bien que personne ne se permettra de troubler la cérémonie.*

Je déposais les ornements sacrés à la sacristie, lorsqu'on vint me raconter ce colloque étrange dans la circonstance; je fis remercier cet homme de bonne volonté, et permis la procession du soir.

On se ferait difficilement une idée du bonheur et de la gratitude qui remplissaient nos âmes, pour avoir pu mener à bonne fin l'œuvre de notre première communion. Nous nous entre félicitions avec effusion, bénissant Dieu de la protection dont nous avions été l'objet. D'autres paroisses, Saint-Germain-des-Prés, par exemple, s'étaient bien décidées à faire comme nous, mais elles avaient cru ne devoir donner aucune solennité à leur cérémonie. Pour nous, tout s'était passé à l'ordinaire; et ce que nous venions de voir, non moins que l'inattendue proposition qui nous était faite, était bien de nature à accroître notre reconnaissance envers la Providence.

Nous étions loin cependant de prévoir ce qui allait arriver.

Nos chers enfants nous avaient comblés de joie et de consolation. Jamais première communion ne fut plus édifiante. Ils s'étaient montrés pénétrés de la grandeur de l'acte qu'ils faisaient et de la gravité des circonstances où nous nous trouvions ; ils allaient devenir l'objet d'une démonstration sans exemple.

La rentrée à l'église pour l'office du soir se fit comme s'était faite celle du matin : pour les garçons, par la grande porte de la place ; pour les filles, par la porte de la rue du Bac. La grande nouvelle de la procession permise et promise leur fut annoncée au moment de descendre de la chapelle des catéchismes. La porte du couloir donnant sur la place, fermée depuis les premiers jours de la Commune, comme vous l'avez vu, fut ouverte solennellement, et deux prêtres en surplis, marchant devant les enfants, se présentèrent sur le seuil. Le chef du poste les attendait sur le perron du comité de l'Artillerie ; il avait donné ses ordres et prévenu ses hommes de se tenir prêts.

A l'apparition des deux ecclésiastiques, le commandement retentit ; les hommes vont se placer deux à deux à l'entrée de la rue de Saint-Thomas d'Aquin, de la rue de Gribeauval, à la porte par où sortaient les enfants, à la porte par où ils devaient entrer dans l'église ; et l'on entend avec stupéfaction un second et double commandement : *Portez armes !* — *Présentez vos armes !* C'est avec ces honneurs militaires que furent accueillis sur la voie publique, en pareil moment, par des hommes pareils, ces pauvres enfants pour lesquels nous avions tant tremblé. Ils firent ainsi le tour de la place, marchant sur deux rangs, lentement et en priant, et on leur présenta les armes, jusqu'à ce que le dernier fût entré dans l'église.

Pendant la procession, une estafette à cheval se rendant au Comité, poussant son cheval droit devant elle, dans les rangs des enfants, le chef du poste s'écrie avec autorité : *On ne passe pas là !* L'estafette faisant mine de ne pas tenir compte de cette défense, le brave garde national saute à la bride du cheval, et le conduit, en contournant la procession, jusqu'à l'entrée de la rue Saint-Thomas d'Aquin, où il le lâche en disant : *Passe par là !*

Tout ceci avait vivement ému, c'est facile à concevoir, les personnes qui en avaient été témoins, prêtres, enfants et parents. On ne parla que de cela toute la soirée. Il semblait que notre journée ne laissât rien à désirer, et que notre joie fût parfaite. Nous avions été trop heureux pour n'avoir pas une rançon à payer.

Elle fut double et très douloureuse.

D'abord, le soir même, le poste du Comité

avec son chef furent envoyés aux remparts. Et le lendemain matin, la nouvelle m'en fut donnée, d'une façon poignante par les hommes qui les avaient remplacés. Désireux de remercier ces braves gens qui s'étaient si bien conduits, au moins cette fois, j'avais envoyé un de mes employés demander le moment où je pourrais les trouver réunis. *Le poste d'hier ? répondit-on : il n'est plus ici. Il fut envoyé aux remparts dans la soirée. Et son chef ? — Ah! son chef ? Vous ne le verrez plus : on l'a rapporté une balle dans la tête.*

Notre douleur fut grande. Il nous vint aussitôt dans l'esprit que l'action généreuse et chrétienne dont nous étions si justement reconnaissants, avait été funeste au chef et à ses hommes ; au chef surtout, qui l'avait payée de sa vie. Les journaux de Versailles, informés de ce qui s'était passé à Saint-Thomas d'Aquin, imprimèrent, je ne sais sur quelle autorité, qu'il avait trouvé la mort, non aux remparts, mais dans l'enceinte du Comité de l'Artillerie même, où il avait été fusillé pour sa bonne conduite de la journée. Nous avons eu le regret amer de ne pouvoir nous procurer aucun éclaircissement ni sur son nom ni sur le lieu de sa mort. Quoiqu'il en soit, il a été frappé sur un acte de foi bien spontané, aussi éclatant que méritoire. Et il vivra dans notre souvenir pieux autant que notre propre vie.

La seconde rançon de notre belle fête de la première communion fut la fermeture de notre école de la rue de Grenelle et l'arrestation de nos chers Frères, dans leur maison de la rue de Fleurus.

Dès le grand matin, le 5 mai, cette maison, quartier d'où nous venaient les Frères de nos classes, fut investie par une escouade de gardes nationaux, avec défense armée de toute entrée et de toute sortie. Ma chère école, qui déjà, comme vous le saurez bientôt, avait été troublée par l'invasion de la police et l'occupation d'un poste de gardes nationaux fédérés, par ce dernier événement, se trouvait absolument fermée. J'en fus avisé par le concierge, lequel, ne voyant pas arriver les chers Frères à l'heure accoutumée, avait été aux informations et nous était revenu avec la triste nouvelle. Nous n'avons pas appris si notre première communion avait été étrangère à l'arrestation des Frères ; mais nous dûmes nous applaudir qu'elle fût faite, car nos enfants, dispersés le lendemain même, n'auraient pu désormais être réunis, autant à cause de la panique des parents qu'à cause de la fermeture de l'école. D'ailleurs, si l'école, ainsi qu'on l'annonçait avec fracas et sans droit, devait se rouvrir, c'était pour être livrée à des maîtres appelés *instituteurs citoyens*, installés là en haine de l'enseignement religieux et de la religion elle-même [1].

[1] Nous y voilà de nouveau, et cette fois *légalement*.

Cette perspective était et fut jusqu'à la fin ma plus vive et ma plus douloureuse préoccupation. Elle me donna le courage de protester sans relâche contre la violation de ma propriété, et, Dieu aidant, nous fûmes préservés de cette profanation de notre école, comme mon église fut préservée de la profanation des clubs. Jusqu'au vendredi qui précéda notre délivrance, la menace fut suspendue sur nous. Chaque matin on annonçait pour le lendemain la prise de possession de toutes les écoles congréganistes de garçons et de filles par des *citoyens* et des *citoyennes*. Déjà quelques-unes, même dans notre quartier, en avaient subi l'affront. Le vendredi 19 mai, de grandes et solennelles affiches publiaient dans toutes les rues de la ville que les décrets de la Commune de Paris sur cette question seraient définitivement exécutés le lundi suivant. Mais le lundi d'après, la Commune de Paris avait un autre souci, celui de défendre sa vie dans une suprême et horrible bataille.

Quatrième Lettre.

QUATRIÈME LETTRE

Mon bien cher Ami,

EVENONS un peu en arrière.

Je vous ai dit qu'avant d'être définitivement fermée, mon école de la
rue de Grenelle avait été violemment occupée
par la force armée. La chose vaut la peine de
vous être racontée.

Ce fut le 25 avril, entre sept et huit heures
du soir. Les fédérés vinrent, au nom de leurs

fusils et d'un M. de Faye, lequel avait sa part, ce semble, dans la curée du moment, prendre possession du bâtiment construit par mes prédécesseurs pour servir d'école aux enfants pauvres du quartier et de maîtrise pour la paroisse. Le 26, à sept heures et demie du matin, le bon cher Frère Jean l'Aumônier, directeur de la maison de la rue de Fleurus, accourt chez moi bien ému, et me raconte que ses frères, en arrivant rue de Grenelle, ont trouvé l'école occupée militairement, qu'on les a empêchés d'entrer, que les parents inquiets remmènent leurs enfants, que les enfants eux-mêmes s'enfuient devant la garde qu'ils rencontrent aux portes.

Après un instant de réflexion, nous nous acheminons, le frère et moi, vers cette chère école, ma constante préoccupation. Le préau était occupé par une douzaine d'hommes. Ils nous envoient au premier et seul étage de la

maison, où sont les chefs de la troupe. Ceux-
ci n'étaient pas nombreux, mais ils présidaient
à une opération très peu rassurante.

Un scribe aux yeux éraillés était attablé au
milieu de la salle d'entrée, servant à la grande
classe de l'école. Il écrivait sous la dictée d'un
autre individu à figure hybride, moitié civil,
moitié militaire. Le cher frère s'était arrêté au
haut de l'escalier, à l'entrée de la salle, tandis
que je m'avançais vers celui de ces envahis-
seurs qui me semblait avoir le commandement.
— « Voudriez-vous me dire, Messieurs, ce que
vous faites ici ? — Nous faisons l'inventaire de
cette école. — Comment ? L'inventaire de cette
école ! Mais vous êtes chez moi. Ceci est ma
maison. Ordinairement l'on y donne des leçons
à de petits enfants pauvres. Aujourd'hui que
vous les avez mis en fuite, je veux faire ma
salle à manger de cette pièce où vous êtes entrés sans ma permission. Nous n'en sommes

pas encore, je l'espère du moins, à ne plus reconnaître le droit de propriété. Au nom de
qui, par quelle autorité, avez-vous ainsi violemment envahi mon domicile ? »

Tout le monde s'était redressé ; le cher
Frère se tenait le plus près qu'il pouvait de
l'escalier. Celui que j'avais interpellé me répond : « Citoyen, nous sommes ici au nom de
la Commune. Je suis le commissaire de police
du quartier, et j'accomplis un mandat. »

En même temps, il m'exhibe un ordre, daté
du 25 avril, et signé de Fave. Cet ordre en-
joignait au commissaire de police, citoyen Vib-
leval, de prendre possession de ma maison et
d'en faire l'inventaire.

— « Vous ne trouverez pas mauvais, Messieurs, que je ne reconnaisse point cet ordre.
Je vous répète que cette maison est ma propriété, que je ne vous reconnais pas le droit de
l'occuper, de l'inventorier malgré moi, et que

je prétends en rester le maitre, malgré vos fusils. »

— « Faites vos réclamations, citoyen ; nous, nous exécutons le mandat que nous avons reçu. »

Comme le commissaire allait recommencer à dicter, et le secrétaire à écrire : « Eh bien ! Messieurs, repris-je, puisqu'au moins vous me reconnaissez le droit de faire des réclamations, je vous demande et vous somme, au besoin, d'inscrire sur votre inventaire, celle que je viens de vous adresser ; je la signerai, et elle sera ma première revendication d'un droit inaliénable. »

Ma réclamation fut libellée, signée par moi, et je me retirai en protestant de nouveau contre l'entreprise de la Commune, et appuyant sur la défense de toucher à aucune partie du mobilier de l'école.

J'avais rejoint le cher Frère Jean l'Aumô-

nier, stupéfait de mon imprudence, et sa vue
m'avait rappelé un oubli. Je me rapproche du
commissaire, et de ma voix la plus adoucie,
cette fois, je lui dis : « J'oubliais, Monsieur,
que Frères, parents et enfants ont été effrayés
par l'appareil militaire que présente cette école
en ce moment. Est-ce que les classes vont être
suspendues, ou pourrons-nous encore réunir
ici les écoliers qui viennent y chercher l'instruction ? — « Notre besogne, citoyen, sera
bientôt terminée ; maîtres et élèves pourront
reprendre leurs places et leurs occupations.
Ils ne seront pas troublés. Nous laisserons seulement un poste pour maintenir l'ordre et surveiller le quartier. »

Les choses se passèrent ainsi. Les classes
purent reprendre le jour même. Mais un poste
de cinq hommes resta attaché à l'école. Les
frères et les enfants s'accoutumèrent à ce voisinage, ou plutôt à cette cohabitation, jusqu'au

jour, trop prochain, qui fit, comme vous le savez, du quartier de la rue de Fleurus une maison d'arrêt.

Pour cette fois donc, nous en fûmes quitte pour la peur, laquelle fut grande dans l'âme du vénérable Frère Jean l'Aumônier. Il crut un instant que j'avais juré de nous faire arrêter l'un et l'autre, et volontiers il m'aurait laissé seul me débrouiller avec le commissaire et les gardes du désordre. Mais, une fois hors de la maison, il rit de bon cœur de l'issue de notre expédition, sans qu'il pût s'expliquer la tournure qu'avaient prise les choses en pareille circonstance.

Cinquième Lettre.

CINQUIÈME LETTRE

Mon bien cher Ami,

LE 11 mai 1871 était un jeudi. Les choses se faisant à l'ordinaire à Saint-Thomas d'Aquin, malgré la terreur qui croissait d'une heure à l'autre; nos catéchismes préparatoire et de la Sainte-Enfance étaient réunis à l'heure et dans les chapelles qui leur sont affectées : celui des tout petits enfants, dans la chapelle de Saint-Louis — je

le présidais comme tous les jeudis ; — celui des
enfants de neuf à dix ans, dans la chapelle
haute, dite des Catéchismes ; — il était présidé
par M. l'abbé Lemaitre, mon second vicaire.

A cause de l'inquiétude universelle, il était
convenu que nous ne retiendrions pas les enfants beaucoup au-delà d'une heure. Nous tou-
chions à la clôture : trois heures allaient sonner,
quand tout à coup, sans que nous eussions été
avertis par le moindre bruit, par aucun mouvement extraordinaire dans le quartier, les portes
de l'église s'ouvrent, et mes employés effrayés
voient entrer, se précipiter dans le lieu saint,
et de tous les côtés à la fois, une troupe
d'hommes armés, différents par l'uniforme et
l'attitude, des gens du poste voisin. Mon sacristain se précipite, lui aussi, dans la chapelle
où je parlais aux enfants, en s'écriant avec un
accent désespéré : « Monsieur le Curé, ils
sont là ! » Je m'avance pour savoir ce que cela

voulait dire, et je me trouve face à face avec un grand soudard, bien nourri, galonné sur toutes les coutures, escorté d'une suite nombreuse, menaçante, l'arme au poing.

Le dialogue suivant s'établit aussitôt :

— Où allez-vous, Messieurs ?

— Faire perquisition dans cette église.

— Je suppose que, malgré le désordre de l'heure où nous sommes, vous ne vous présentez pas ici sans ordre?

— Citoyen, voici mon ordre.

En même temps, l'homme aux galons tire de son uniforme un papier qu'il me présente et qui portait la signature *Abrial*, flanquée de toutes les estampilles et sceaux de la Commune.

— Votre ordre, Monsieur, est aussi régulier qu'il puisse l'être en ce moment-ci. — D'abord, Monsieur, voudriez-vous me dire comment je dois vous appeler?

— Commandant, citoyen.

— Eh bien! commandant, qu'est-ce que vous désirez voir?

— Tout! citoyen.

— Vous verrez tout. Par où désirez-vous commencer?

Il y a des caves dans cette église, citoyen : nous commencerons par les caves.

— Vous commencerez par les caves, Monsieur.

Et, m'adressant aux deux seuls serviteurs de l'église qui fussent présents : « Qu'on allume des flambeaux pour descendre dans les caves, et que l'on soit muni de toutes les clefs! »

Cependant l'escouade écoutait impatiente notre dialogue, et nous n'avions pas fait un pas ni en avant ni en arrière; mais la nef de l'église, ses bas côtés, ses galeries, et jusqu'à ses combles, tout se trouvait occupé en même temps. Cent cinquante hommes, peut-être, étaient entrés à la fois. Il y en avait partout, qui avec des pioches, qui avec des leviers, qui avec des pelles, chacun avec des armes. L'escorte du commandant se composait d'une vingtaine d'individus, presque tous décorés des insignes d'officiers ou de sous-officiers.

Pendant mon colloque avec le commandant, nos petits enfants et leurs mamans, également effrayés, s'étaient dispersés. Mais, ayant trouvé toutes les issues gardées par des hommes de mauvaise mine, la plupart étaient rentrés et se tenaient groupés et pleurant dans tous les coins les plus reculés de l'église.

Sur la place de Saint-Thomas d'Aquin, où se tenait un gros de *perquisiteurs* appuyés sur leurs fusils, on amena des voitures et des omnibus, de quoi les voisins et les témoins de cette démonstration furent fort émus. On savait que c'était ainsi qu'opéraient nos ennemis. Perquisition voulait dire pillage et arrestation :

il fallait des voitures pour enlever les dépouilles,
et aussi pour emmener, s'il y avait lieu, les
otages. Les choses s'étaient passées de la
sorte à l'Archevêché, à Notre-Dame des Victoires, à Notre-Dame de Lorette, à Notre-Dame
de Bonne-Nouvelle, partout enfin où la tourbe
communarde s'était abattue. On disait dans la
rue du Bac, dans la rue Saint-Dominique, autour de la place de Saint-Thomas d'Aquin, que
M. le Curé était arrêté, que le pillage avait
commencé. L'agitation devenait vive. Une
pauvre brave fille, bretonne, au service d'un
homme bien connu, M. X. Marmier, le fécond,
et l'honnête écrivain, voyant de ses croisées,
qui donnaient sur la place et sur la rue de
Saint-Thomas d'Aquin, tout ce qui se passait,
et le suivant avec un cœur très chrétien, ne
cessait de répéter à son maître : « Non, Monsieur, ils n'ont pas encore mis la main sur
M. le Curé; mais, s'ils l'osaient, j'irais seule,

s'il le fallait, le délivrer des mains de ces brigands. »

Heureusement, il ne fut pas besoin d'essayer de cet héroïsme inutile.

Les flambeaux étant allumés par mon sacristain Dubois et un de mes suisses, le brave Heuzé : « Vous pouvez me suivre, Messieurs, dis-je au commandant et à sa suite. « Qu'est-ce que vous cherchez, qu'est-ce que vous espérez découvrir ? Si l'objet de vos recherches se trouve ici, je vous l'indiquerai aussitôt, sans déguisement comme sans hésitation. Voulez-vous savoir si, comme à Notre-Dame des Victoires et à Saint-Laurent, il y a en cette église des ossements et des cadavres ? Je m'empresse de vous dire qu'il y en a, et de diverses époques, quelques-uns à peine refroidis. »

— Citoyen, nous savons ce que nous avons à découvrir, et nous le trouverons, sans que vous preniez un soin inutile.

Et nous descendîmes dans les caves. Les moindres recoins furent fouillés, furetés. Une porte de caveau ne s'étant pas ouverte à la pression, je demandai la clef. Elle avait été emportée par mon vicaire-trésorier, M. l'abbé Lab..., qui mettait là son vin et son bois, et qui était hors de Paris depuis quelques semaines.

Au moment où la Commune devenait plus menaçante, j'avais réuni mon clergé pour lui communiquer mes inquiétudes, et prier ceux de ces messieurs qui ne se sentaient pas assez d'assurance pour affronter l'orage, de se hâter de sortir de la ville, dont, selon toutes les probabilités, les portes ne tarderaient pas à se fermer. « Nous ne sommes pas tous appelés à être des héros et des martyrs, leur dis-je ; d'ailleurs, il faut pourvoir à l'avenir. La tempête passée, si quelques-uns d'entre nous y ont péri, il faut que l'on puisse les remplacer, et

que l'Église ne se trouve pas alors dépourvue
d'ouvriers et d'évangélistes. »

Mon invitation fut entendue, et sept de mes
prêtres se décidèrent à se mettre à l'abri, s'il
en était temps encore. Ils purent en effet sortir
de Paris. Il m'en resta six. Nous étions donc
autant qu'il y a de jours à la semaine. Cela
suffisait pour les nécessités les plus urgentes
du service paroissial. Chacun de nous prit son
jour de garde, et nous nous mîmes en mesure,
par une acceptation empressée d'une part de la
besogne, de ne rien interrompre de ce service,
et de ne rien laisser en souffrance. Catéchismes,
mois de Marie, prière du soir, bibliothèque,
réunions des confréries, séances des œuvres de
charité, etc., etc., tout marcha comme de coutume.

Ma reconnaissance pour mes vaillants confrères et amis ne serait pas satisfaite, si je ne les
nommais ici. Je voudrais pouvoir inscrire leurs

noms sur une table de marbre placée avec honneur
dans l'église qu'ils ont si bien servie. C'étaient
MM. l'abbé Rivié, mon premier vicaire ; l'abbé
Lemaître, mon second vicaire ; l'abbé Degerine,
ancien aumônier de la marine française. vicaire
à Saint-Thomas depuis 1867 ; l'abbé de Cabanoux, jeune vicaire que son âge exposait beaucoup ; l'abbé Lombard, mon vicaire trésorier
actuel, et l'abbé Couloubrier, que la Providence m'avait envoyé d'une manière tout à fait
inattendue. Il avait déjà été sous-diacre d'office
à Saint-Thomas ; l'autorité l'avait placé à Pu-
teaux, comme vicaire. La guerre l'en chassait
et le faisait rentrer à Paris, au moment où les
événements avaient décidé mon sous-diacre actuel à retourner à Bayeux, son diocèse. J'allais
à l'Archevêché demander à l'administration
qu'elle voulût bien me donner un remplaçant à
celui-ci, lorsque je rencontrai, dans la rue de
Grenelle, M. l'abbé Couloubrier, triste, suivi

d'une voiture portant son modeste mobilier, et
à la recherche d'un refuge où il pût le déposer
et se loger.

Ma proposition de reprendre son poste à
Saint-Thomas fut acceptée avec empressement ;
et du coup il se trouva logé, occupé, et moi je
me trouvai pourvu. Je n'eus qu'à m'applaudir
de cette rencontre, car M. Couloubrier ne
voulut pas me quitter pendant la Commune,
bien qu'il fût à peine lié à la paroisse, et il nous
rendit beaucoup de services.

Mes vicaires se multiplièrent. Toujours debout et l'oreille au guet, chaque jour plus
chargés de travail et d'inquiétudes, leur vie
était difficile et dure. Grâce au secours de
Dieu et à leur courageux dévouement, c'est à
peine si l'on pouvait s'apercevoir que la paroisse ne possédait que la moitié de son personnel.

Avant cette longue parenthèse, je vous disais que M. l'abbé Lab... était un de ceux qui avaient choisi de sortir de Paris. Naturellement il avait emporté ou caché les clefs de son appartement et de sa cave. Cette circonstance faillit nous devenir funeste. Pour son appartement, situé au-dessus de la sacristie, la porte en fut enfoncée par *les perquisiteurs*, qui s'étaient emparés des hauts de l'église. Ils y étaient les maîtres, sans contrôle. Mes vicaires, présents à l'église au moment de l'irruption, s'étaient prudemment esquivés et mis en lieu d'observation, d'où ils pussent sans danger suivre les mouvements extérieurs de nos visiteurs incommodes.

Ceux-ci firent beaucoup de bruit pour un uniforme de sergent de ville trouvé dans l'appartement perquisitionné. On eut toutes les peines du monde à leur persuader que la maison de Dieu ne récélait aucune défense armée, et que cet uniforme, propriété du mari

d'une servante, avait été laissé là fort impru-
demment, lorsque, sous des vêtements civils,
il avait cherché à s'évader. Du reste, nous
abandonnions volontiers l'uniforme à celui qui
l'avait trouvé.

Dans les caves, c'était autre chose. Je con-
duisais et ne voulais pas quitter la horde. Et,
comme je l'ai dit, nous nous trouvions en
face d'une porte dont je ne pouvais présenter
la clef. Sur mon observation, par trop naïve,
que *cette clef était entre les mains d'un de mes prêtres
en ce moment hors de Paris,* mais qu'on pouvait
forcer la porte, un des perquisiteurs, que j'appris être un vieux capitaine d'artillerie, et qui
avait autorité sur l'escouade, me répondit avec
grossièreté : « Oui, c'est encore un de ces brigands partis pour Versailles pour nous f.... des
coups des fusils. Nous connaissons ça. Vous
êtes tous les mêmes. »

Quelle que fût la délicatesse de l'heure, il

me fut impossible de souffrir en silence cette insulte. Je me réclamai du commandant contre cet homme qui m'outrageait ; et je dois dire qu'il reçut une semonce. La porte de la cave fut enfoncée, l'intérieur du calorifère fut visité, un peu de vin fut bu, des ossements à fleur du sol furent examinés, tous les débarras qui encombraient le sous-sol de l'église furent remués, et nous franchîmes la porte qui s'ouvre sur le petit jardin du presbytère. Là aussi, quoique sous le ciel, se fit une perquisition sévère. Les abords, les alentours furent reconnus avec soin ; une échelle fut appliquée contre le mur mitoyen qui sépare le jardin et le presbytère des galeries de la maison de commerce, si connue sous le nom de *Petit-Saint-Thomas* ; la vaste couverture de cet établissement fut visitée dans toute son étendue. Il se forma dans l'étroit espace du jardin un groupe inquiet. Un officier, ayant sondé le sol avec son sabre, trouva, juste au centre, un point où l'arme enfonça jusqu'à la garde. Il n'en fallait pas tant pour exciter l'émotion de tout ce monde. On s'appelle, on se montre l'arme enfoncée en terre, et l'on s'écrie : « C'est ici ! » Aussitôt, arrivent des hommes armés de bêches, de hoyaux, de pelles, et l'on se met en train, toute l'assistance faisant cercle autour des ouvriers, de creuser un grand puits à l'endroit désigné.

J'eus beau affirmer qu'on ne découvrirait rien qu'un monceau de plâtre et de gravois : on me répondit outrageusement que l'on savait, par les découvertes de Saint-Laurent, ce que l'on pouvait rencontrer à l'ombre des églises.

Chaque pelletée de terre était accompagnée de fragments de briques, de tessons, de débris de bouteilles, de blocs de plâtre, quelques os de mouton ou de veau, épluchures de cuisine.

Tout était touché, rangé, senti. Et l'on des-
cendait toujours sans rien trouver de nouveau.
On en était à deux ou trois mètres de profon-
deur, lorsque sonnèrent quatre heures.

« Commandant, dis-je à l'homme qui présidait à cette besogne, l'heure qui sonne est
l'heure d'un exercice religieux dans cette église
(c'était le mois de Marie) : puis-je le faire
pour le petit nombre de personnes que la
crainte y a retenues, sans avoir à redouter ni
trouble ni profanations. — Oui, citoyen. »

Toutes les portes de l'église étaient gardées,
à l'intérieur comme à l'extérieur. Un tout petit
groupe de femmes et d'enfants éplorés était
agenouillé autour de l'autel de la Sainte Vierge.
Je suis accueilli avec de grandes démonstrations, on m'embrasse les mains, on m'accable
de questions, on me croit arrêté. Je l'étais
peut-être, mais je n'en savais encore rien :
cela me suffisait pour rassurer de mon mieux

ces excellents fidèles. Et, leur ayant annoncé que nous allions faire le mois de Marie à l'ordinaire, je montai en chaire pour la prière. Le mouvement bruyant, les allées et venues continuelles des hommes sinistres qui sont les maîtres de l'église depuis une heure, n'aident point au recueillement, mais ne nuisent point à la ferveur.

La prière n'était pas finie, lorsque quatre porteurs des pompes funèbres, qui ne s'étaient pas laissé arrêter par la garde farouche veillant à l'entrée de la rue du Bac, se présentent avec un cercueil. Ils vont le déposer au lieu que je leur ai désigné de la main, pendant que je continue la prière. Descendu de chaire, seul avec les deux employés qui ne m'avaient pas quitté, je fais la cérémonie funèbre, et reviens à l'autel de la Sainte Vierge pour achever l'exercice commencé.

Mon instruction ne fut pas longue : il n'était

pas plus possible que nécessaire qu'elle le fût.
Le va-et-vient des perquisiteurs devenait plus
animé. Ils demandaient à haute voix et appor-
taient à grand bruit de nouveaux instruments
de travail. Les employés des pompes funèbres
refusaient d'enlever le corps, qu'ils avaient eu
beaucoup de peine à introduire dans l'église.
Et quant à moi, j'étais un peu impatient de
rejoindre les fossoyeurs que j'avais laissés dans
la jardin du presbytère.

En quelques mots, je déplorai l'état présent
de l'Église de Paris, le trouble profond ré-
pandu dans les âmes catholiques par les calom-
nies, au moyen desquelles de coupables écri-
vains, de véritables malfaiteurs de plume,
s'efforçaient d'amasser la haine sur la tête du
clergé, livraient nos églises à des profanations
et à des dévastations sacrilèges, et appelaient
sur les communautés religieuses les fureurs
combinées de leurs séides avinés et de la po-

pulace ignorante. « En ce moment même cette
église subit ces outrages : je demande une sup-
plication solennelle pour faire amende hono-
rable et réparation, autant qu'il est en nous. »
Et le *Parce, Domine,* fut entonné et chanté
trois fois, au milieu des sanglots de mon petit
auditoire. Certes, il ne fut chanté jamais ni
avec plus de courage, ni avec plus d'unani-
mité, ni avec plus de ferveur. Nos ennemis
assistaient à cela l'arme au bras et la menace
dans les yeux ; mais, je leur dois cette justice,
il n'y eut pas le moindre désordre.

Mon ministère accompli, avant d'aller reprendre ma place au milieu des travailleurs
qui bouleversaient mon petit jardin, je crus
devoir déposer mon étole et mon rochet, que
je n'avais pas eu le temps de quitter à la fin
du catéchisme. Il me paraissait peu convenable
de continuer à assister en habit de chœur à la
violation, sinon à la profanation de mon

église. En entrant dans mon cabinet, je constate aussitôt qu'il a été visité en mon absence, et qu'on a enlevé le peu d'argent qu'on y a trouvé. La somme était bien minime : 72 francs 90 centimes, le produit des quêtes à l'exercice du mois de Marie depuis le 1ᵉʳ mai ; plus quelque menue monnaie rangée sur une étagère, à l'intention des pauvres qui chaque matin viennent réclamer les secours de la charité : de cinq à six francs. Les quêtes étaient dans un grand sac de moquette, dont la disparition était facile à constater.

Dès que j'eus rejoint le commandant : « Eh bien ! commandant, lui dis-je, avez-vous, depuis que je vous ai quitté, découvert quelque chose qui puisse me compromettre ? — Non, citoyen. — Il n'en est pas de même de moi, commandant. — Et qu'est-ce que vous avez découvert, citoyen ? — J'ai découvert, commandant, que vous avez des voleurs avec vous.

« — Comment? des voleurs! — Oui, des voleurs, et de la plus vile espèce encore, commandant : des voleurs qui entrent chez moi en
mon absence, pendant que je suis avec vous,
et qui me dévalisent quand je ne suis pas là
pour défendre mon bien. Ils sont voleurs et
lâches. — Où cela s'est-il passé, citoyen? —
Dans mon cabinet, commandant. Prenez la
peine d'y venir voir. »

Nous entrons dans mon cabinet, je montre
la place où se trouvait le sac, je fais lire la
note où j'inscrivais jour par jour le chiffre des
quêtes depuis le commencement du mois; et,
sans me faire une seule observation, cet
homme, digne certainement de commander
une autre troupe, sort précipitamment, et fait
sonner le rappel.

Réunis dans le cloître du comité de l'artillerie, les misérables dont il était le chef mo-
mentané reçoivent une verte semonce et sont

sévèrement perquisitionnés à leur tour. Il ne pouvait y avoir aucun espoir de retrouver l'argent volé, mais il était moral de le réclamer, et j'avais obtenu une satisfaction signalée par le fait même du souci que j'avais excité dans la conscience de ce commandant.

Vingt minutes après, ses hommes revinrent; mais lui ne reparut pas. On m'apporta de lui une lettre curieuse, étonnante, invraisemblable, où il me disait que, malgré sa bonne volonté, il n'avait pu retrouver le sac enlevé, et qu'il me priait de m'assurer si quelqu'un de mes employés, par mesure de précaution, n'aurait pas mis ce sac en lieu de sûreté. Sur quoi il me demandait de lui répondre, parce qu'il tenait à éclaircir cette affaire.

Ma réponse était facile : elle ne se fit pas attendre; et je repris ma place auprès du groupe du jardin. Je le trouvai découragé, et peut-être un peu confus de l'inutilité du labeur qu'on avait entrepris. Leurs espérances de scandale étaient déçues pour cette fois.

Ils rentrèrent dans le sous-sol de l'église, surexcités par cette déconvenue et irrités par l'humiliation que je venais de leur infliger.

Il n'était plus question de trouver des cadavres ; j'avais, pour ainsi dire, bravé leurs recherches à cet égard. Le caveau même où étaient déposés, depuis la guerre, une douzaine de cercueils, avait été, par mes ordres, ouvert avec effraction, la clef ne s'étant pas trouvée à ma disposition, dans le trouble, très naturel d'ailleurs, de mes deux pauvres employés.

C'est à ce moment même que nous courûmes un danger réel. En passant devant l'autel de la Sainte Vierge, pour nous rendre au caveau dont je viens de parler, un des chefs demanda, après avoir frappé les dalles de son arme, s'il n'y avait pas là des voûtes à visiter.

Je répondis, n'ayant jamais entendu parler
d'un caveau en cet endroit, que je n'en connaissais pas, qu'il n'y en avait pas. Alors un ouvrier sort des rangs, et dit : « On nous trompe,
il y en a un. — Je vous dis qu'il n'y en a
pas. — Et moi, je vous dis qu'il y en a un :
je le sais, puisque j'y ai travaillé. » — J'eus
l'audace, au lieu de provoquer une vérifica-
tion facile à faire, d'affirmer qu'il en imposait.
Le chef et la troupe voulurent bien m'en
croire; et je me trompais.

Deux mois après, pour me débarrasser du
souvenir de cette scène, je fis relever les
dalles sur lesquelles elle s'était passée, et, à
ma stupéfaction, nous nous trouvâmes sur
l'ouverture d'une belle voûte, ayant toute l'é-
tendue de la chapelle de la Sainte Vierge, et
renfermant une quantité d'ossements et un cercueil très bien conservé, le cercueil de Mgr de
Saint-Laurent, dernier évêque de Tulle avant

la Révolution, et mort en 1791, rue des Saints-Pères, sur la paroisse de Saint-Thomas-d'Aquin. Le frisson nous en vint à tous. Sans nul doute, si l'on ne s'en était pas rapporté à mon affirmation, dont la bonne foi devait percer dans mon accent, j'aurais été traité avec la justice sommaire du moment.

On espérait peut-être me prendre par quelque autre endroit. Le pavé d'une chapelle basse, placée au-dessous de celle de Saint-Louis, au chevet de l'église, fut tâté, exploré presque sous chaque dalle. Lorsqu'il résonnait sous les coups du levier de fer, le pavé était broyé, et l'on creusait un trou. Travail inutile! Rien ne sortait de ces explorations que des blocs de pierres et de la terre vierge.

Alors on s'en prit aux gros murs de l'édifice.

Les coups retentissaient tout autour. Un point ayant paru sonner creux, il fut décidé

que le mur serait percé en cet endroit. J'eus
beau réclamer au nom de l'édifice ; j'eus beau
affirmer qu'on ne parviendrait à découvrir que
les galeries de tapis de la maison de nouveautés
du *Petit-Saint-Thomas* : cette fois je ne fus
pas cru, et le travail commença à grand renfort de pics, de leviers, de marteaux et de
ciseaux.

Le travail fut long, difficile, pénible. On y
passa jusqu'à sept heures un quart. On aboutit
à ouvrir une large baie sur la galerie que
j'avais annoncée. Tous ces hommes suaient et
juraient. Ils étaient encore une fois mystifiés.

Et je triomphais modestement, comme il convenait à la situation.

Dès le commencement, j'avais pris la précaution de demander au commandant que, la
perquisition faite avec toute la sévérité voulue
et sans résultat compromettant pour l'église,
on voulût bien me délivrer une attestation en

règle à ma décharge. Mais le chef de la troupe n'avait pas reparu. J'avais la confiance qu'il ne me l'aurait pas refusée aussi favorable que possible. Je ne pouvais pas l'espérer telle des manœuvres que j'avais devant moi. Aussi ne songeai-je pas à leur en parler. Mais, fatigué de plus de quatre heures de planton en si mauvaise compagnie, la nuit d'ailleurs étant venue : « Croyez-vous, dis-je au chef qui présidait à la besogne, et qui n'était autre que le vieux capitaine d'artillerie dont j'avais eu à me plaindre ; croyez-vous qu'il ne serait pas temps d'arrêter ce travail de destruction? La nuit tombe, et vos hommes me semblent avoir besoin de repos. — Oui, citoyen, me répondit-il, de ce ton que je connaissais : pour ce soir, nous nous arrêtons là. Nous reprendrons demain. — Vous reviendrez demain, et vous me trouverez là. »

Nous remontons vers la région de la lumiére, mes deux employés précédant avec des flambeaux. Arrivés au haut de l'escalier des caves, dans le vestibule qui sépare la sacristie de l'église : « Capitaine, voudriez-vous vous assurer que vous avez tout votre monde ? — Oui, citoyen, tous mes hommes sont présents. — Eh bien ! capitaine, veuillez bien me regarder : j'ai quelque chose à vous dire. Vous êtes militaire, je le suis ; vous êtes capitaine, je le suis. C'est entre nous deux, de soldat à soldat, de capitaine à capitaine. Vous vous êtes permis de m'insulter d'abord, de me donner un démenti ensuite : vous savez ce que cela vaut entre nous. — Je ne vous ai donné aucun démenti, citoyen. — Vous m'en avez donné un ; ne l'aggravez pas par une dénégation. Pendant que vous dégradiez les murs de cette église, dont je suis le gardien et le défenseur, je vous ai prévenu, en vous donnant ma parole, que vous ne découvririez rien

qu'une galerie d'une maison voisine. C'était
dans l'unique but de vous empêcher de faire
des dégâts inutiles. Vous m'avez répondu d'un
ton et avec un regard qui seuls étaient une insulte : « Je sais ce que je cherche ; et je sais
« que je le trouverai en cet endroit. » Comment appelez-vous cela, capitaine ? — Je n'ai
pas voulu, citoyen, vous donner un démenti.
On nous avait assuré que nous trouverions ce
que nous cherchions. — Il fallait donc dire,
capitaine, qu'on vous avait dit que vous trou-
veriez… et que vous n'aviez qu'à obéir. Cela
est bien différent de l'affirmation que vous avez
opposée à la mienne. Répétez donc devant tous
vos hommes que vous n'avez pas voulu me
donner un démenti. » Il tire son képi, et répète à haute et intelligible voix ce qu'il venait
de reconnaître.

Alors un lieutenant voulut prendre sa défense. Il ne me fut pas difficile de lui imposer

silence. Un ouvrier, un des ouvriers qui venaient de suer au travail inutile de démolition contre lequel j'avais élevé des réclamations, ayant osé se mêler à la conversation, je n'eus pas à le rappeler à l'ordre : il y fut rappelé de la bonne sorte et en des termes que je n'aurais pas employés, par le capitaine et le lieutenant réunis. Il reçut une douche capable de dissiper les fumées du vin qu'il avait bu pendant mon absence, et qui lui faisait rentrer dans la gorge les paroles messéantes qu'il voulait hasarder. Il débutait par : « *La Commune !...* » — « Allons donc ? votre *Commune !* Je ne la connais pas, votre *Commune ;* je ne connais que la ville de Paris, à laquelle appartient ce monument, dont je suis constitué le gardien et le défenseur. » Et alors roule sur lui une avalanche d'épithètes dont la place n'est pas ici.

Sur cela, je fus tenté de donner, en signe

de réconciliation, la main à un homme égaré, qui, tout grossier qu'il était, venait de reconnaître ses torts d'une manière inespérée. Je ne crus pas séant de le faire. Je venais de commettre une imprudence qui, en les provoquant, aurait pu rendre ces hommes plus coupables encore qu'ils n'étaient : il ne fallait pas l'aggraver par ce qu'ils auraient pris pour une défaillance. Mais, adoucissant la voix, et le regardant d'un air plus humain : « Vous m'avez dit, capitaine, que vous reviendriez demain ; je vous répète que vous me trouverez ici pour vous accompagner partout, et pour vous *protéger,* » ajoutai-je en souriant. Et je fis signe à l'escouade que j'allais la conduire à la porte. Arrivés à la grille, avant de la fermer, je dis au chef, sans que je pusse me rendre compte de la pensée à laquelle j'obéissais : « Quelque chose me dit que vous ne reviendrez pas demain. » La porte se ferma, et je rentrai à la sacristie.

Mes deux pauvres employés, MM. Heuzé et

Dubois, qui ne m'avaient pas quitté, étaient
blêmes d'avoir assisté à cette scène, après
toutes les autres de la journée. Ils avaient cru
que nous allions être appréhendés au corps
tous les trois, et que je serais fusillé sur place.
Ils ne comprenaient rien à ce qui venait de se
passer, et peu s'en fallait qu'ils ne me fissent
des reproches de ma conduite et de mes paroles. Je m'en faisais à moi-même. Mais enfin,
ils se sentaient sauvés pour cette fois. Restait la
menace pour le lendemain. « Non, leur dis-je,
ils ne reviendront pas demain ; ils n'ont plus
que faire ici. » Et ils ne revinrent pas.

Pour que vous ne croyiez pas que nous
avions affaire à de doux et aimables, peut-être
involontaires serviteurs de la Commune, il n'est
pas hors de propos de vous dire que la lettre
du commandant dont il a été question plus
haut, portait, avec le triangle que vous savez,
l'estampille : *Francs-Tireurs de la République.*
J'aime autant ne les avoir pas revus.

Sixième Lettre.

SIXIÈME LETTRE

Peu de jours après cette odieuse perquisition des *Francs-Tireurs de la
République*, il fallut de nouveau s'occuper de l'école Saint-Guillaume. Depuis le
jour de l'inventaire, elle était restée occupée
par un piquet de gardes nationaux ; depuis le
5 du mois de mai, elle ne voyait plus ni
Frères ni enfants. Le concierge de la maison

vint, plus épeuré que jamais, m'annoncer qu'elle était menacée d'être livrée à un citoyen instituteur. Après une nouvelle visite faite *au nom de l'autorité*, la chose avait été décidée et arrêtée presque avec éclat, et l'on devait préalablement f... par terre la cloison et les grandes portes qui de la dernière travée du préau font une chapelle pour les exercices religieux de l'école et des diverses œuvres qui s'y réunissent le dimanche et les jours de fête. L'autel et tous les objets servant au culte allaient être renversés et profanés.

Les conseils de prudence qu'on m'avait prodigués ne m'arrêtèrent pas. J'avais été si favorisé de la Providence jusque-là, qu'il y aurait eu à la fois ingratitude et lâcheté de ma part à ne pas être fidèle à mon devoir de défenseur de mon droit et des droits de mon église. Je retourne donc à l'école, dont je franchis assez vivement la porte, quoique gardée par deux

factionnaires. Il se trouvait dans le préau sept
à huit gardes nationaux ; trois ou quatre étaient
occupés à faire, sur une table, de petits tas de
café et de sucre. « Je voudrais parler au chef
du poste. — C'est moi, citoyen. » Et tous me
regardent d'une façon peu rassurante. — « Je
suis le curé de Saint-Thomas d'Aquin ; cette
maison m'appartient ; c'est ma maison d'école.
Dans le désordre présent, on a arrêté les instituteurs qui venaient y donner des leçons aux
enfants pauvres du quartier. Ces enfants, élevés
gratuitement ici, étaient, de l'aveu de leurs parents, appelés, pour quelques-uns du moins, à
rendre des services à l'église, dans les cérémonies publiques. Ils se sont toujours distingués dans les concours établis par la Ville de
Paris. Plusieurs sont devenus des ouvriers très
habiles, quelques autres des artistes distingués.
Cette école était un véritable bienfait pour le
quartier. On me menace aujourd'hui de m'en

déposséder. On veut installer dans ces classes
des instituteurs que je ne puis ni ne veux recevoir chez moi. Ils veulent commencer par
détruire une chapelle, le lieu de la prière des
enfants, qui est derrière cette cloison et cette
porte. Monsieur le chef du poste, je me ré-
clame de vous. Vous êtes armé, et vous com-
mandez pour défendre le droit. Je me mets
sous la protection de votre qualité de bon citoyen, peut-être de père de famille : dans tous
les cas, sous la protection de votre fusil. Vous
voyez que je suis absolument désarmé pour me
défendre moi-même. »

Mon petit discours avait été bien long pour
un pareil moment et pour de pareils auditeurs.
Mais l'émotion montait à mesure que je parlais ; et, bien que je fisse effort pour être
calme, je sentais que j'étais emporté plus loin
qu'il ne fallait.

Mais, ô surprise ! voilà tous ces hommes

qui s'étaient levés sans donner signe ni d'impatience ni d'hostilité. Le chef tire son képi, et, avec un accent que je n'oublierai de ma vie : « Citoyen curé, dit-il, je trouve votre réclamation fondée. Je suis père de famille ; j'ai quatre enfants, dont deux sont aux remparts. Je les ai fait élever pour être de bons citoyens. Je sais quelle protection il faut donner aux écoles. Je vous promets que celle-ci sera respectée. J'ai été d'une commission à la Commune ; je m'en retire librement ; mais j'y ai conservé des relations, et je puis vous y être utile. Veuillez me donner une note sur tout ce que vous venez de nous dire ; je la remettrai moi-même à qui de droit, et je crois pouvoir vous assurer que mon appui ne vous sera pas inutile. En tout cas, il vous est acquis. » Il se comprend de reste que ma reconnaissance devait déborder. Après l'avoir exprimée de mon mieux, je me retirais pour aller écrire la note demandée, quand arrive un lieutenant pour inspecter le poste. — « Non, me dit le chef, ne vous en allez pas. Voilà notre capitaine inspecteur, qui n'est pas de trop. Répétez-lui ce que vous venez de nous dire ; il l'approuvera comme moi-même, et nous aidera de son autorité. »

Je répétai ma réclamation, mais plus brièvement cette fois. Le lieutenant n'y trouva point à redire ; et je pus me retirer en renouvelant mes remerciements. Deux heures après, la note était remise. Quel en a été le sort ? Je ne l'ai pas su. Les événements l'emportèrent sans doute quelques jours après avec nos ennemis. Mais ce qui n'a pas été emporté, c'est ma reconnaissance. Je conserverai tant que durera ma vie un souvenir profond et attendri de l'accueil qui me fut fait en cette circonstance. Il m'en reste aussi une sorte d'admiration pour le travail qui se peut faire, quand Dieu le permet, dans les âmes les moins bien disposées.

Par ce qui m'est arrivé ce jour-là, par ce qui m'était déjà arrivé deux autres fois, il m'est aisé de comprendre ce qui se passe devant les conseils de guerre appelés à juger les criminels de la Commune (1). Plusieurs prêtres se sont présentés comme témoins à décharge. Si j'avais été appelé à déposer, qu'aurais-je pu dire sur des hommes dont je n'avais reçu que bon accueil et protection?

Enfin, mon cher ami, grâces au Ciel! mon école ne devait pas plus être profanée par les *citoyens instituteurs* que mon église ne l'avait été par les *Francs-Tireurs de la République*.

(1) Ceci s'écrivait pendant les séances des conseils de guerre à Versailles.

Septième Lettre.

SEPTIÈME LETTRE

Mon bien cher Ami,

Voici certainement la circonstance la plus extraordinaire de tout ce qui m'est arrivé pendant cette horrible tempête de la *Commune de Paris*. Ce fut le Ve dimanche après Pâques, 14 mai, tout à fait à la veille du dénouement sanglant de ce drame effroyable. Il était trois heures trois minutes environ ; je venais d'entonner le *Deus in adju-*

torium de vêpres. Mon plus jeune vicaire,
M. de Cabanoux, m'écrivit au crayon, pour
m'être remis à ma place au chœur, ces quatre
mtos : « Un homme à képi vous demande à la
sacristie. Sur sa mine, je crois que vous devez
vous hâter de sortir par la rue du Bac. » Il
n'y avait pas à délibérer longtemps. Je me
rends à la sacristie. L'homme au képi était
aussi l'homme à la barbe. Droit, roide et couvert, c'est lui qui me reçoit chez moi. Il entre
dans mon cabinet, prend place sans y être invité
sur l'unique fauteuil qui y soit, et commence
en ces mots peu rassurants, toujours le képi
sur la tête : « Citoyen, je ne vous connais
pas. Mais je passais non loin de cette église ;
j'ai pensé à y entrer pour vous faire une communication qui vous concerne, et qui peut
avoir pour vous quelque intérêt. Vous venez
d'être décrété d'arrestation à l'Hôtel de Ville.
Je puis vous en parler savamment : j'y étais,

je faisais partie du conseil. J'ai imaginé, je le
répète, qu'il pouvait être de quelque utilité
pour vous d'en être informé. » — « Monsieur,
lui répondis-je, je commence par vous remercier du bon office que certainement vous voulez
me rendre. J'en suis d'autant plus touché, que
je vous suis absolument inconnu. Mais, permettez-moi de vous adresser une question, qui
ne peut être indiscrète après les ouvertures que
vous venez de me faire : Êtes-vous chargé de
m'arrêter ? êtes-vous ici pour cela ? » — « Non
citoyen : ce sera demain. » — « Eh bien !
Monsieur, après vous avoir réitéré mes remerciements, permettez-moi une seconde question :
Mes prêtres seront-ils arrêtés avec moi ? » —
« Non, à moins qu'il n'y en ait quelqu'un de
jeune. » Ceci me fit trembler. Cet homme
venait précisément de s'adresser à un tout jeune
prêtre, le plus jeune de mes vicaires. —
« Voici, Monsieur, ce que j'ai à répondre à

vos avances obligeantes : Je suis un factionnaire ; je ne puis ni ne veux quitter mon poste, à moins que j'en sois relevé par celui qui m'y a placé ; et vous savez bien qu'il ne le voudrait pas lui-même et qu'il ne le peut plus. Je serai donc dans cette église ou dans mon presbytère demain, cette nuit, tous les jours et toutes les nuits, prêt à me présenter à quelque heure que l'on choisisse pour m'arrêter. » — Par Providence, ma voix n'était ni plus ni moins altérée que si mon interlocuteur m'avait apporté la nouvelle la plus indifférente. Il me répéta une troisième fois *qu'il avait cru, passant par hasard près de mon église, qu'il pouvait être de quelque intérêt pour moi d'apprendre ce qui venait de se passer à l'Hôtel de Ville en ce qui me concernait.* Je m'inclinai, et j'attendis.

Il aurait pu lever le siège et me laisser à mes réflexions ; il trouva meilleur d'entamer une conversation qui devait durer jusqu'à *six heures et demie!* Conversation étrange sur ce qui se passait à l'Hôtel de Ville ; sur les mœurs et gestes du gouvernement qui y trônait ; sur les malversations qui se commettaient ; sur les excès dont la cave du dernier préfet de la Seine faisait les frais ; sur les rivalités, les débats, les inimitiés entre les divers membres du gouvernement et du Comité de salut public ; sur les projets des mécontents qui n'avaient pas encore eu la fortune de monter aux affaires, etc., etc. Le thème était vaste : chaque minute amenait quelque nouvelle révélation. Toutes faisaient horreur. Il me fallait me surveiller de très près, pour ne pas me commettre d'une parole. Cet homme m'était une énigme : m'avait-il dit vrai en m'abordant ? quel esprit l'avait poussé à entrer à Saint-Thomas d'Aquin, à me demander, à me faire la redoutable confidence ? était-ce une mystification ? était-ce une preuve de véritable intérêt ? voulait-il tenter ma bonne foi ?

voulait-il m'arracher quelques paroles imprudentes ? Tout cela et bien d'autres questions se précipitaient dans mon cerveau. Aucune réponse rassurante ne me venait ; mais, dès la première parole, je m'étais promis de faire, avec l'aide de Dieu, bonne contenance, et de ne laisser échapper pas une syllabe qui pût servir de prétexte avouable à un mauvais parti quelconque. Je fus fidèle à ma résolution. Lui demander son nom me parut imprudent. Cependant je finis par connaître celui qu'il m'aurait donné. Au courant d'une des révélations les plus mouvementées, il me dit, peut-être sans y songer, qu'il s'appelait le *citoyen Morand*. Sa qualité, il me l'avait dite presque en m'abordant : *membre de la Commune, du conseil du salut public*. Tout ce que j'aurais pu apprendre davantage en ce moment ne m'intéressait pas.

En me parlant des mœurs des habitants de l'Hôtel de Ville, il me dit tranquillement :

« Vous connaissez beaucoup de choses tristes, citoyen ; s'il pouvait vous être agréable de compléter vos connaissances, je vous prierais de me laisser vous habiller un soir, et de vous offrir le bras, pour vous donner, pendant deux heures, le spectacle de ces orgies. Avec moi, vous ne courriez aucun risque. » — « Mais, Monsieur, lui répondis-je, lors même que j'aurais le goût d'un pareil spectacle, je devrais bien y renoncer, puisque vous venez de m'annoncer que je serai arrêté demain. — Sans doute ; mais si la chose devenait possible ? » Et l'on passa à autre chose. Je fus surtout frappé de ce qu'il me dit d'une malversation de quelques millions, autant que je puis préciser, de *cinq millions*, sur les équipements militaires. Des industriels des environs du Temple auraient vendu à leur profit, pour cette somme énorme, des tuniques de garde national, des képis, des pantalons, des guêtres, etc., à des prix fabuleux, après les avoir dérobés aux magasins de la ville de Paris. Nous n'avons pas, que je sache, encore vu le procès qu'il espérait qu'on intenterait à *ces indignes républicains*.

Quels mystères d'iniquité, et quelle horrible scélératesse nous seraient révélés, si tous les procès que réclamerait la justice étaient portés un jour devant des tribunaux intègres et courageux !

Certes, dans cette interminable séance, je n'étais point à mon aise. Je la trouvais longue, lourde, étouffante. Et cependant je croyais prudent de ne pas en brusquer la fin. Je subissais mon sort, attendant qu'il plût à mon étrange visiteur de me laisser respirer. Mais je dois dire que l'angoisse était peut-être plus grande encore parmi mes prêtres et mes employés. Avant la fin de l'office, chacun était informé de ce qui se passait. On s'interrogeait du regard avec inquiétude. Quand arriva la fin de vêpres, on crut me délivrer en venant m'annoncer que j'étais attendu pour le salut. L'homme terrible ne bougea pas. L'inquiétude des miens n'en fut pas diminuée. Le salut se donna. On frappe à ma porte, « Monsieur le Curé, le mois de Marie que vous devez présider, commence. » L'homme ne bouge pas. Alors ce fut une panique sans nom. La sacristie est désertée. Chacun prend un poste d'observation pour suivre du regard, sans être vu, ce qui allait arriver. On ne doute plus de mon arrestation. Mais l'homme ne démord pas.

Enfin six heures et demie vont sonner. Je n'en puis littéralement plus. Je prends le parti, qui me paraît hardi, de lever le siège et de prier l'homme de me rendre ma liberté pour le moment, lui promettant de nouveau de n'en pas abuser pour chercher à me dérober, et lui assurant itérativement que je serais là le lendemain. Il se leva aussi, et je le conduisis à la porte de la sacristie. Là, je m'arrête un instant, et, sans savoir ce que je disais : « Voulez-vous me permettre, Monsieur, de terminer notre longue conversation par ce dernier mot, qui en sera pour moi comme la conclusion ? C'est que vous ne m'arrêterez pas du tout. » L'homme incline insensiblement la tête, et me répond laconiquement : « *Peut-être !* » Et ce fut ma délivrance. J'ai encore aujourd'hui une espèce d'oppression, rien que de penser à ces trois mortelles heures.

Quelques minutes après, tout mon monde accourt : on veut savoir qui est cet homme, ce qu'il me voulait, ce qu'il m'a dit, pourquoi il est resté si longtemps enfermé avec moi, de quoi nous sommes tous menacés. On a vu sa figure et son allure. Tout cela ne nous dit rien de bon. On se consulte, on veut absolument me faire quitter le presbytère. Ma parole donnée et toute sorte d'autres raisons s'y opposent : je résiste.

Le lendemain et les deux jours suivants étaient les Rogations. L'office public devait se faire comme de coutume : il reste réglé que mes vicaires diront la messe dès la première heure, afin de se mettre à l'abri, si le cas échéait, et que je ferai l'office public. On me laisserait bien le temps de le terminer si l'on venait pour m'arrêter.

Les choses se passèrent ainsi, et personne ne se présenta le lundi. En ces circonstances, un jour gagné vous parait une victoire sur la mort. Le soir, on se félicita les uns les autres. Mais la préoccupation nous envahit bientôt de nouveau. « Et demain ! et après-demain ! » Les deux jours se passèrent comme le lundi, dans les mêmes transes, dans le même ordre, et eurent la même fin. Chaque soir, nouvelle congratulation ; et la crainte du lendemain diminuait à mesure que nous nous éloignions de la soirée du dimanche.

Le jour de l'Ascension, nous n'étions pourtant pas encore pleinement rassurés. Qui sait si l'on n'aura pas voulu profiter de cette solennité pour donner plus d'éclat à une modeste arrestation ? L'office fut célébré avec la pompe ordinaire, sans le moindre trouble. Après le salut solennel, suivi d'un court exercice pour le mois de Marie, tout le monde étant groupé autour du plus menacé d'entre nous, nous nous jetâmes dans les bras les uns des autres, et de toutes les bouches sortit cette même parole : « Enfin, nous sommes sauvés ! ils ne viendront pas. » En effet, ils ne sont pas venus. Et grâces à Dieu !

Nous avons vu huit jours après à quelle fin étaient réservés ceux des nôtres que ces bêtes féroces avaient conduits dans leurs prisons. Ni leur dignité, ni leur magnanimité, ni leur vie irréprochable, ni les services rendus, ni leur âge, ni leur vertu, ne purent protéger leurs vies contre ces sauvages civilisés. — Grandes, saintes, héroïques et heureuses victimes, vous fûtes choisies pour payer de votre sang innocent les prévarications de notre malheureuse société et peut-être les fautes de quelques-uns d'entre nous ! Soyez nos protecteurs comme vous avez été notre rançon ! Obtenez-nous le courage de vous imiter, si des jours de malheur et de crime nous étaient encore réservés ! — Amen ! Amen !

Huitième Lettre.

HUITIÈME LETTRE

Mon bien cher Ami,

Aujourd'hui, 21 mai, est l'anniversaire du commencement de notre délivrance, l'année dernière. C'était un dimanche, le dimanche entre l'Ascension et la Pentecôte ; et cette année, le quantième tombe le mardi de la Pentecôte, c'est-à-dire le jour de la semaine où commença, il y a un an, le pèlerinage douloureux des fidèles de Paris auprès du corps mutilé de leur illustre Archevêque et martyr, exposé à l'Archevêché.

La journée avait été inquiète. Le canon retentissait sur divers points de l'enceinte de Paris. Il nous semblait à nous, habitants du faubourg Saint-Germain, qu'il grondait surtout du côté de l'ouest et du nord-ouest, vers la porte de Neuilly et la place de Courcelles. Chacun devisait avec plus ou moins de crainte sur les événements qui ne pouvaient plus beaucoup tarder. Les clubs étaient ou faisaient profession d'être plus confiants que jamais dans le succès de la Commune. Le vendredi précédent, j'avais entendu les plus horribles blasphèmes, les menaces les plus effroyables dans celui de l'église Saint-Nicolas des Champs. Un membre du Comité du salut public, qui m'est absolument inconnu, que l'on disait autour de moi être le citoyen Tolain, était venu faire du haut de la chaire, des déclarations et donner des nouvelles capables de faire trembler les plus rassurés d'entre nous. D'abord, il ajoutait le poids de son affirmation triomphante et apparemment bien informée, à ce que, toute la journée, on avait crié dans les rues de la ville, à savoir, que les *Versaillais* avaient été maltraités, culbutés et repoussés dans le bois de Boulogne, de la porte de Neuilly à celle du Point-du-Jour. Ensuite, il montrait le désarroi, le désespoir de l'*insurrection de Versailles*, de cette étrange façon : — « Ils sont tellement à bout de ressources, clamait-il, qu'ils en sont venus à implorer l'assistance du Très-Haut. Ils en sont là de désespoir ; ils ont oublié que le Très-Haut est mort. Voilà les ennemis que nous avons devant nous. Qu'en pensez-vous? » Et des trépignements, des cris de défi, des rires épouvantables, accueillirent ces paroles. Alors l'orateur, encouragé, ajoutait ceci : —

Vous vous souvenez, citoyens, que *Monsieur* Thiers s'est fait prophète, et qu'il a annoncé à ses *Versaillais* que dans huit jours ils seraient dans Paris. C'est demain le huitième jour : croyez-vous, citoyens, que *Monsieur* Thiers tienne sa promesse demain ? » Nouveaux cris, nouveaux trépignements, nouveaux rires diaboliques ; tous les poings se lèvent d'une façon menaçante. — « Eh bien ! citoyens, je vais, moi, vous faire une prophétie dont l'accomplissement est plus certain. Dans sept jours, la grande bataille aura été livrée. Nous serons vainqueurs ou nous serons vaincus ! Personne ici ne croit que nous soyons vaincus ? — Non ! non ! — Nous serons donc vainqueurs ? — Oui ! oui ! » et applaudissements frénétiques. — « Oui, nous serons vainqueurs, je le jure ; et je jure aussi que Versailles n'existera plus. Mais si nous pouvions être vaincus, alors Paris n'existerait plus. »

Ici l'exaltation de l'auditoire ne connut plus
de bornes. On se lève, on s'interpelle ; tous
les visages sont enflammés, tous les yeux jettent
des flammes. « Oui ! oui ! c'est cela : mort et
destruction ! Il faut en finir ! »

Alors, profitant de l'enthousiasme qu'il
vient d'exciter, l'orateur fait la communication
et la proposition suivantes : — « Une bonne
nouvelle, citoyens : dans le XIe arrondissement, les citoyennes viennent de donner un
grand exemple de patriotisme. Elles se sont or-
ganisées en bataillons, pour accompagner leurs
pères, leurs frères, leurs maris et leurs fils aux
remparts. Là, elles les soutiendront de leur
courage, les relèveront s'ils sont blessés et les
soigneront ; et, s'ils sont frappés à mort, elles
prendront leurs armes et les remplaceront dans
le combat. (Applaudissements répétés et pro-
longés, acclamations.) Je ne doute pas que les
citoyennes de cet arrondissement, que je vois

ici si nombreuses, ne s'empressent d'imiter
l'exemple des citoyennes du XI°. » Je dois à
la vérité de dire que la proposition fut ac-
cueillie assez froidement.

Mais, enfin, l'on conçoit que des scènes
comme celle-ci, répétées à Saint-Sulpice, à
Saint-Eustache, à Saint-Germain-l'Auxerrois, à
Saint-Merry et dans vingt autres clubs, aussi
incandescents que celui de Saint-Nicolas, n'é-
taient pas faites pour nous donner confiance
et tranquillité. Un sale et ordurier chiffon de
papier, *le Père Duchesne*, répandait le lendemain matin par milliers et milliers d'exem-
plaires ce qui s'était dit dans l'enceinte de nos
églises profanées. Nous n'avions aucunes nouvelles certaines de ce qui se passait à Versailles. Les hommes les plus compétents, les
hommes de guerre s'accordaient à regarder la
prise de Paris comme extrêmement difficile,
sinon impossible. Et, dans tous les cas, les

plus confiants et les plus hardis n'espéraient rien avant le mercredi 24 mai.

Nous en étions là le 21. Le soir, entre sept et huit heures, je me hasardai à faire une tournée de clubs, pour me tenir au courant de la physionomie du Paris de la Commune, et des menaces qui planaient sur nos têtes Sorti de chez moi, sans itinéraire tracé, je m'acheminai vers les Champs-Élysées, pour commencer mon information par Saint-Philippe du Roule, et la continuer par Saint-Augustin, la Madeleine, la Sainte-Trinité, Saint-Roch, Saint-Eustache, Saint-Nicolas des Champs, Saint-Merry et Saint-Germain-l'Auxerrois. Telle fut ma promenade, un peu longue, un peu fiévreuse, de ce soir-là.

A mon grand étonnement, je trouvai les Champs-Élysées déserts, les rues peu fréquentées et toutes les églises fermées. Pas un seul club dans tout ce parcours. De mornes et rares bruits, une sorte de silence pour Paris. De temps en temps seulement, quelques coups de canon dans la même direction que pendant la journée, comme pour tenir la ville éveillée et l'avertir que tout n'était pas fini.

Je rentrai chez moi aussi fatigué de ma course que surpris de l'état dans lequel j'avais trouvé la partie de Paris ordinairement la plus mouvementée et la plus bruyante. Mais rien ne m'avait fait soupçonner l'événement qui venait de s'accomplir, et dont personne encore n'avait connaissance, en dehors d'Auteuil et de Passy.

Une inquiétude vague et sans objet précis me tint éveillé jusqu'à deux heures de la nuit. Tout à coup j'entends, dans la rue du Bac, venant de la rue de l'Université ou du quai, le pas lourd et cadencé d'une troupe s'avançant en silence, que je pris pour une patrouille nombreuse marchant au pas de charge. Elle s'arrête devant la porte de mon presbytère, en faisant retentir le trottoir et la chaussée de la chute bruyante de ses armes. En même temps le marteau frappe la porte; les cris : — « Ouvrez vite! » se font entendre; et, comme la porte ne s'ouvrait pas assez promptement, une clameur s'élève : — « A nous, la patrouille! Enfoncez la porte! » Et le marteau heurte à coups pressés. Je suis obligé de donner l'ordre d'ouvrir.

Dès les premiers coups, tout le monde avait été sur pied dans le presbytère. Les uns cherchaient le moyen de se sauver, les autres songeaient à se cacher; les femmes et les enfants de mes employés pleuraient et commençaient à crier. Quant à moi, après un moment d'hésitation pour savoir si j'attendrais dans mon lit ces importuns visiteurs ou si je me lèverais pour les accueillir, je sautai de mon lit pour leur faire ouvrir la porte; je pris à la hâte mes meilleurs habits, et m'assis sur mon plus vaste siège pour les attendre, comme un Romain, sur ma chaise curule. Pour personne dans la maison l'heure de mon arrestation ne faisait doute. Chacun me reprochait *in petto* de n'avoir pas voulu chercher un refuge hors du presbytère. Le sort qui m'attendait allait être funeste à mes confrères. C'était le côté le plus douloureux de ma situation.

Cependant, la porte s'était ouverte au milieu des menaces et des imprécations. Une escouade s'était précipitée dans la cour, laissant le gros de la troupe à la porte pour la garder, et de la cour s'était engouffrée dans un long et obscur vestibule, qui conduit à un escalier conduisant lui-même à l'église. Enfoncer une double porte, traverser l'église, forcer une autre porte, gravir l'escalier du clocher et faire céder une dernière porte, fut pour cette trombe d'hommes armés l'affaire d'un instant, le temps de vous le raconter. Mais ce fut un instant auquel l'angoisse donnait une durée d'agonie. Personne ne comprenait ce qui se passait, ne savait ce qui allait arriver. La nuit même ajoutait une terreur particulière à ce mystère. Le silence qui s'était rétabli à la porte, celui qu'avaient gardé les hommes détachés pour occuper la maison ou l'église, nous ne savions, étaient plus sinistres que les cris et les menaces dont avaient d'abord été frappées nos oreilles.

Tout à coup retentit le tocsin. Nos poitrines oppressées commencèrent à respirer. Nous comprîmes tout de suite que l'irruption nocturne avait un autre but que notre arrestation pure et simple, et que, puisque le tocsin sonnait, il y avait du nouveau sur le pavé de Paris. La sonnerie dura à peu près dix minutes. En même temps s'entendaient les cloches de Sainte-Clotilde, de Saint-Germain-des-Prés, ou peut-être de Saint-Sulpice. C'était par conséquent un grand branle-bas sonné par la Commune en détresse. Tout cela était probable ; mais tout cela n'était pas capable de nous soulager entièrement encore de nos préoccupations trop légitimes. Rien n'était certain, rien n'était clair, rien ne nous rassurait contre les caprices féroces de nos ennemis. Ils pouvaient même, s'ils étaient eux-mêmes menacés, se venger sur nous des défaites qu'ils craignaient.

Sans avoir pu communiquer entre nous, les mêmes pensées nous agitaient et nous faisaient flotter entre la crainte et l'espérance, lorsque l'escouade, descendant de l'église aussi précipitamment qu'elle y était montée, sortit du presbytère, fermant avec fracas la porte derrière elle, continuant sa ronde militaire, et nous laissant dans un ébahissement de satisfaction, comme si nous venions d'échapper à la mort.

Eux partis, on tint conseil. Chacun dit ses

impressions et ses espérances. Mais il n'était que deux heures et demie. Comment pouvoir se renseigner? Sur les trois heures, nous députâmes vers les quais un de nos officiers d'église les plus intelligents, avec recommandation d'écouter les moindres bruits, de s'avancer avec prudence et d'interroger avec discrétion, s'il rencontrait quelqu'un de mine abordable, et de revenir immédiatement nous informer.

Un quart d'heure après il était de retour, avec la nouvelle à peu près certaine, bien qu'il n'eût pu la contrôler, que les Versaillais étaient dans Paris, qu'on était maître de l'École militaire et du Trocadéro.

Quelque désir que nous eussions de croire à la vérité de ces nouvelles, elles étaient si grosses et si extraordinaires, que nous n'osâmes pas nous livrer à la joie. Une demi-heure après, nouvelle mission donnée au même employé, avec recommandation réitérée de mettre tous

ses soins à se bien renseigner. Cette fois, ce
fut l'affaire de quelques minutes. La mer montait rapidement; les bruits s'accentuaient de
manière à ne laisser aucun doute sur ce qui se
passait. L'agitation, les marches et contre-
marches précipitées des communards disaient
toutes seules que l'heure de la délivrance avait
enfin sonné. Le tambour battait partout; le
Trocadéro et l'École militaire étaient bien en
la possession de l'armée de l'ordre. Mais, inquiétude nouvelle! la guerre des rues allait
commencer à l'heure même, et, sans que nous
pussions mettre en doute l'issue de la lutte,
il nous était impossible de nous dissimuler
qu'elle serait acharnée et qu'il y aurait bien du
mal.

Il n'était pas cinq heures : la rue du Bac
voyait ses tranquilles habitants mettre leurs
têtes aux fenêtres, se demander d'où venait ce
mouvement inaccoutumé qui avait avancé leur

réveil. Le tambour, les cris : « Aux armes! »
le clairon, le sifflet, ce sinistre sifflet dont les
fédérés avaient fait un si fréquent usage, tout
retentissait à la fois. Pour nous préparer à tout
ce qui pouvait être demandé de nous, et nous
prémunir contre de très prochaines éventua-
lités, chacun de nous se hâta de célébrer la
sainte messe.

Je crus devoir prévenir de ce qui se passait
nos chères sœurs de la Charité de la rue Saint-
Guillaume, afin qu'elles ne fussent point trop
effrayées du bruit et du mouvement des rues,
et qu'elles ne quittassent pas leur maison. Une
affiche placardée dans tout le quartier deux
jours auparavant, les avait menacées d'expulsion
ce matin même, pour être remplacées dans
leurs classes par des citoyennes institutrices.
Il ne fallait pas qu'elles crussent que leur heure
était venue.

En rentrant à l'église, je trouvai le pavé de

la rue Saint-Dominique déjà attaqué. On me
laissa passer sans m'insulter. Je fis fermer les
portes de l'église, dans la persuasion de ce qui
allait arriver. Le comité de l'artillerie était un
poste où devait se réunir l'état-major de la défense du quartier et les troupes de réserve de
la Commune. Avant sept heures, nous avions
là, presque dans l'église, plus de trois cents
hommes de toutes armes et de tous uni-
formes.

Un des premiers actes de leurs chefs fut de
forcer une porte de communication entre le
comité et l'église de Saint-Thomas d'Aquin.
Trois de mes prêtres et moi, qui étions en ce
moment dans la sacristie, fort occupés de cet
inquiétant voisinage, nous eûmes la surprise
de voir arriver sur nous, l'arme haute, un
peloton de très mauvaise mine. Je m'avance :
— « Messieurs, d'où sortez-vous? où allez-
vous? que cherchez-vous? — Citoyen, nous

venons reconnaître ces lieux : nous voulons savoir si nous sommes menacés ici. — Mais, Messieurs, vous voyez bien que vous êtes dans une église. Toutes les portes en ont été fermées dès la première heure, ce matin. Par où avez-vous pu pénétrer jusqu'ici ? » — Ils ne firent pas difficulté de confesser qu'ils étaient entrés comme par une brèche, par une porte forcée; ils se livrèrent à une visite sommaire de toutes les dépendances de l'église, et je les reconduisis à l'endroit par où ils étaient entrés, en les priant de refermer cette porte et de nous tenir quittes de toute nouvelle visite.

Ils promirent. Mais une heure après, nouvelle invasion par une autre escouade commandée par d'autres chefs, et qui à ses armes joignait des instruments de démolition, des pioches, des leviers, etc. Nouvelle réclamation de ma part, et perquisition plus sommaire que la première. Ces incommodes visiteurs sont reconduits dans le comité de l'artillerie et je demande à parler au chef qui commande ces bandes. Il est difficile de le trouver. Il y a beaucoup de gens à galons, il ne se trouve pas de chef. Je suis entouré de marins, de gardes nationaux, de soldats, d'artilleurs; mais je ne vois pas un officier qui ait le commandement de la cohue. On finit pourtant par me faire parler à un personnage qui peut bien porter le titre de lieutenant-colonel. Je lui expose le but de ma présence au milieu de ses hommes; je lui fais connaître dans quelles circonstances mon église a reçu une double visite armée, alors que toutes les portes en étaient exactement fermées; je lui parle de l'effraction inutile qui avait eu lieu, de la promesse qui m'avait été faite de ne pas renouveler, ainsi qu'on venait de le faire, une invasion sans objet, et je lui demande de protéger mon église, ainsi que les paisibles habitants de mon presbytère.

Chose singulière ! malgré l'émotion de l'heure présente, pas une de ces figures menaçantes ne parut indignée de mon audace, pas une parole d'outrage ne fut prononcée. On prit même la peine de m'expliquer avec convenance pourquoi d'abord on avait cru pouvoir enfoncer une porte mettant en communication leur poste avec des lieux inconnus d'eux, et comment ensuite il avait pu arriver que, sans violer la parole donnée, on fût rentré dans l'église : le commandement n'était pas en une seule main ; chaque officier se croyait autorisé, obligé même à faire toutes les diligences pour prévenir une surprise, dans une situation qui pouvait devenir critique.

Content et presque reconnaissant de ces explications, je me retirai, après remerciements, mais non toutefois sans avoir obtenu une nouvelle promesse que nous ne serions plus inquiétés. Nous verrons bientôt si l'on nous tint parole.

Cependant la rue du Bac était devenue le théâtre d'une très chaude et longue affaire. A mesure que nos soldats s'avançaient prudemment, poussant devant eux ce qu'ils rencontraient de défenseurs de la Commune, et cherchant à reprendre tout d'abord les ministères et la direction des télégraphes, les fédérés se massaient dans la ligne du faubourg Saint-Germain qui va des quais à la gare du chemin de fer de l'Ouest, et barricadaient la rue du Bac. La première barricade se fit un peu au-dessus de la rue Saint-Dominique, presque en face du passage Sainte-Marie [1], au coude que fait la rue en cet endroit. Heureusement il se trouva près de là un homme de cœur, officier de la garde nationale de l'ordre, lequel, avec cinq ou six de ses hommes, sur qui il pouvait compter, vint attaquer et emporter, par un

(1) Aujourd'hui rue Paul-Louis-Courier.

coup de main hardi, cette première défense de
la Commune. M. Durouchoux, — c'est de lui
qu'il s'agit — fut mortellement blessé, ainsi
que trois des siens; mais ils avaient abattu le
drapeau rouge et planté à sa place le drapeau
tricolore, et ils avaient, au prix de leur vie,
donné le temps à nos soldats de venir les remplacer dans ce poste très important au centre
du faubourg Saint-Germain.

De ce moment, la rue du Bac devint le
champ clos d'un véritable et long combat très
meurtrier. Les hommes de la Commune, pour
se retrancher derrière une nouvelle barricade
en vue de la première, emmenèrent un *omnibus*,
à trois qu'ils étaient, l'un sur le siège, l'autre
sur l'impériale, le troisième dans l'intérieur;
et cette grosse voiture, renversée en travers
dans la rue, devait devenir le noyau d'une
forte défense. Il fallait trouver l'emplacement
le plus favorable pour la construire. Il y eut

conseil pour cela. La première pensée avait été de se fortifier à l'entrée de la rue de Gribeauval : c'était le moyen de protéger le comité de l'artillerie, point important à défendre, et d'empêcher qu'on ne fût tourné par cette petite rue, à laquelle communiquait la rue Saint-Dominique par la place de Saint-Thomas d'Aquin ; c'était aussi le moyen de s'abriter contre les attaques du haut et du bas de la rue du Bac.

Néanmoins, après une station de quelques minutes et une délibération assez animée des chefs, il fut résolu que la barricade serait faite à l'angle que fait la rue du Bac, devant la porte d'entrée de la maison du Petit-Saint-Thomas. Là elle commandait le bas de la rue jusqu'aux quais, et le haut jusqu'au poste qu'on avait été obliger d'abandonner. L'omnibus fut ramené et aussitôt renversé sur le lieu indiqué. Les chevaux disparurent, et les pavés commencèrent à tomber, dru comme grêle, dans la caisse de la voiture et à s'entasser sur les trottoirs de droite et de gauche. Des deux côtés aussi, du côté droit surtout, pleuvaient en même temps literies et meubles : chaises, tables, matelas, paillasses, couvertures, lits de plumes, etc., pour couvrir, élever et rendre plus protecteur ce mur de défense.

Ce travail ne se faisait pas si paisiblement, qu'il ne fallût échanger force coups de fusil avec les maîtres de la première barricade. Mais l'espace qui séparait l'une de l'autre restait désert. Je pouvais, sans trop de danger, assister des croisées de mon appartement à ce feu, jusque-là peu meurtrier. A ce moment de l'affaire, j'en fus quitte pour une balle qui vint se loger dans mon salon.

Pendant cette escarmouche, une perquisition se faisait dans la maison du Petit-Saint-Thomas, et des réquisitions odieuses dans les maisons en face. Outre la literie et les meubles jetés par les fenêtres pour servir à la barricade, on emportait tout ce qu'on trouvait à sa convenance. Je connais une personne, Mlle le Maraisquer, la courageuse modiste bretonne, dont j'aurai peut-être à parler ailleurs, qui perdit à ce brigandage à peu près tout ce qu'elle possédait.

Le Petit-Saint-Thomas fut occupé tout entier, comme point important. Ils craignaient d'être tournés par là ; et de cette vaste maison, ils commandaient en même temps la rue de l'Université et la rue du Bac ; ses nombreuses ouvertures étaient autant de meurtrières d'où ils pouvaient tirer sur les soldats de l'ordre, sans craindre d'être atteints eux-mêmes. La galerie qui touche à mon presbytère, avec sa terrasse plate, fut pour eux un point d'attaque et de défense qui fit beaucoup de mal aux nôtres. Ils avaient couvert de matelas la balustrade en fer qui donne sur la rue du Bac. Plusieurs de leurs hommes, couchés à plat-ventre sur le zinc de la terrasse, visaient à travers les barreaux de la balustrade nos pauvres soldats et nos gardes nationaux, et tiraient sur eux, comme on tire sur le gibier à l'affût. Et pour ne pas perdre de temps ni s'exposer en se relevant pour charger leurs armes, ils se les faisaient charger par d'autres misérables abrités derrière les cheminées. Ainsi ils tiraient sans relâche et sans danger.

Ces chasseurs d'hommes, quand ils avaient atteint leur gibier, poussaient des cris, des clameurs horribles : — « Il en tient !... Le voilà qui tombe !... Il dégringole !... » etc., etc. Leur férocité était d'autant plus hideuse, qu'elle s'était mise hors de danger, qu'elle était mieux abritée contre les coups de leurs adversaires. Ce spectacle, auquel j'assistais de mes fenêtres et que je touchais pour ainsi dire de la main, puisqu'il n'était pas à vingt mètres de moi, me glaçait d'horreur.

Mais il ne devait pas heureusement avoir de durée. Nos soldats arrivaient. Il était dix heures à peu près. Les maisons des angles de la rue Saint-Dominique et de la rue du Bac, une maison de blanc [1] surtout, furent occupées [2]. Alors le combat devint plus chaud. La fusillade était nourrie. Il était évident que le pavé serait disputé là avec acharnement, et que les deux partis attachaient une grande importance à sa possession.

Les communeux se décidèrent à tenter un grand effort pour reprendre la barricade qu'ils avaient perdue, et qui leur faisait du mal en ce moment. J'assistai à cette tentative digne d'une meilleure cause. Tout à coup nous voyons sortir de derrière leur défense une

[1] Connue sous le nom de *maison de M. Leborgne*.

[2] De toutes ces maisons il ne reste plus pierre sur pierre : elles ont disparu lors de l'ouverture du boulevard Saint-Germain.

douzaine d'entre eux : l'un, armé d'un drapeau rouge, tenant le milieu de la chaussée ; un second, battant le tambour, suivait le trottoir de droite ; un troisième, sonnant du clairon, tenait le trottoir de gauche ; le reste suivait, le fusil en joue et tirant à chaque pas. Le feu des nôtres les couvrait, mais sans les empêcher d'avancer toujours aux cris de : *Vive la Commune !*

Arrivés à peu près au milieu de l'espace qui sépare la rue de Gribeauval de la rue Saint-Dominique, les pertes qu'ils éprouvaient et l'intensité du feu qui les accueillait les forcèrent à reculer. Mais ils ne se tinrent pas pour vaincus, car ils renouvelèrent deux fois encore la même tentative, avec les mêmes cris, la même fureur et aussi le même insuccès. La dernière fois, ils ne purent arriver qu'à la hauteur de la rue de Gribeauval. Le tambour ne cessa jamais de battre, ni le clairon de sonner. Le drapeau rouge tenait toujours le milieu de la chaussée. Il me serait impossible de dire combien d'hommes restèrent sur le carreau ; mais la troupe, à la fin, était sensiblement diminuée.

Alors il se fit un changement dans l'ordre de la bataille. Les fédérés, voyant qu'ils allaient être débordés, firent avancer une pièce de canon. Nous n'en fûmes avertis que par le premier commandement : *Feu !* L'explosion fit tout trembler, dans une rue si haute et si étroite. Toutes les vitres éclatèrent du coup. Et l'on peut dire que l'émotion des âmes fut aussi universelle et aussi profonde que l'ébranlement des maisons. On put craindre un instant pour le succès de l'affaire sur ce point. Elle devint plus vive ; les maisons furent criblées de projectiles ; la fusillade devenait de plus en plus intense ; on poussait des cris épouvantables, et cela dura toute la soirée. Les conseils des fédérés devenaient plus orageux à mesure que le danger augmentait. Les blasphèmes emplissaient la rue. Il y avait des menaces bruyantes dont nous ne pouvions préciser ni les termes ni la signification ; mais les gestes nous en indiquaient la violence.

La nécessité de veiller à ce qui pouvait survenir soit en mon église, soit en mon presbytère, me faisait incessamment monter et descendre de l'un à l'autre. Pour empêcher que les cris des femmes et des enfants de mes employés n'éveillassent l'attention du dehors, afin aussi de les mettre à l'abri des projectiles qui tombaient nombreux sur la maison, dans la maison et dans la cour, on les fit descendre dans les caves de l'église. L'église elle-même ne fut pas préservée. Du côté sud, au-dessus du grand portail, la croisée et le cadran de l'horloge furent traversés par une balle qui vint entamer l'arc-doubleau de la voûte entre la première et la seconde travée. A l'ouest, la grande verrière qui éclaire le transept de droite fut aussi endommagée. Mais nous étions plus préoccupés du voisinage des fédérés et de leurs visites que de leurs balles. Et ce n'était pas sans raison.

De midi à trois heures, ils se livrèrent à une troisième perquisition. Celle-ci fut moins longue qu'importune. C'était toujours un signe d'anarchie dans ce camp retranché, une preuve de défiance contre nous ; et enfin cette agitation témoignait assez que la situation de nos ennemis devenait d'heure en heure plus périlleuse. Tout cela pouvait nous devenir fatal.

Dans le presbytère, nous étions menacés de pillage. La cour se remplissait d'une bande ivre de fureur, et qui pouvait se croire maîtresse de tout ce qu'elle occupait. Je remontais chez moi toutes les dix minutes, m'imaginant, sans doute sottement, que ma présence pourrait empêcher quelques dégâts et quelques voleries.

Chaque fois je trouvais mon appartement troué de nouveaux projectiles, balles engagées, balles aplaties et un biscaïen. La journée semblait longue et la bataille bien disputée. Il n'était plus permis de s'aventurer à regarder, même avec les plus grandes précautions, par les croisées. Nous ne savons désormais rien du dehors qu'à travers les portails de l'église et du presbytère, et par la vivacité du tir. Il ne nous venait pas dans l'esprit un doute sur l'issue finale du combat, mais nous ne pouvions nous défendre d'une impatience inquiète de savoir où en étaient les affaires.

La fatigue de la journée et le besoin de prendre un peu de nourriture m'avaient fait chercher un refuge au rez-de-chaussée du second corps de bâtiment du presbytère, entre la cour et l'église. Il était environ six heures et demie du soir. J'avais ouvert la croisée qui donne sur le petit jardin attenant à l'église, en face de la porte des caves où se trouvaient les enfants et les femmes de la maison. Ces caves communiquent avec l'église, dont elles sont le sous-sol, par un escalier partant des sacristies, et avec le presbytère par la porte que j'avais en face de moi. Cette disposition leur donnait l'air d'un passage souterrain ouvert aux nôtres pour surprendre les soldats de la Commune, enfermés dans le Comité de l'artillerie.

J'étais assis devant une petite table, tout près de la croisée, plus occupé de nos tristesses que du pauvre dîner qui m'était servi. Tout à coup un bruit de pas précipité, un cliquetis d'armes qui se choquent, et en même temps une parole de menace me font regarder du côté de la porte des caves. C'est une escouade de fédérés, conduite par le chef qui avait fait le matin la deuxième perquisition dans l'église. M'ayant aperçu par la croisée près de laquelle je me trouvais, cet officier courait sur moi, l'épée haute, en prononçant avec animation ces paroles : « — Nous l'avons découvert enfin, citoyen, ce passage secret que vous n'avez pas voulu nous faire connaître. Vous allez nous rendre raison du danger que vous nous avez fait courir. » — Sans en entendre plus long et sans prendre le temps de répondre un seul mot, je me précipite au-devant de ces malheureux, et prenant leur chef par le bras qui tenait l'épée : — « C'est vous, capitaine, qui allez me rendre compte de vos paroles inconsidérées. » — Et, toujours attaché à son bras, sans m'occuper de sa suite, je le conduis dans la cour du presbytère, en ce moment remplie de communeux, noirs de poudre, se défendant à outrance, par la porte cochère, contre nos soldats qui les serraient de près. — « Capitaine, connaissez-vous ces hommes-ci ? — Oui, répond-il tout ébahi, ce sont des nôtres. — Eh bien : ai-je pu vouloir vous faire tourner et surprendre ? — Non, me dit-il.

— Avez-vous eu besoin de briser les portes pour arriver jusqu'ici, comme ce matin pour entrer dans l'église? — Non, citoyen. — Eh bien encore! dites cela bien haut devant vos hommes, aux armes desquels vous alliez me livrer. » — Et il le répéta très haut, après avoir ôté son képi.

Je me retirai lentement devant ces hommes, qui me suivaient d'un regard farouche. Sur le seuil de ma porte, je rencontrai deux *Bellevillois* des plus hideux. Ils avaient vu le mouvement de leur chef; ils me laissèrent le passage libre, et me demandèrent un verre d'eau. On leur apporta à boire et on remplit leur gourde, et je crus pouvoir leur conseiller un meilleur emploi de leurs forces et de leur temps que celui qu'ils en faisaient en ce moment. — « Oh! nous sommes *religionnaires*, me dit l'un d'eux. J'ai fait ma première communion, et je vais encore quelquefois à l'église.

Mais nous n'avons pas le temps. Nous ne vous ferons pas de mal. » — Après encore quelques mots, je rentrai chez moi. J'étais à peine assis, que celui de mes employés qui ne me quittait jamais aux moments critiques, le brave et intelligent Heuset, accourt, moitié joyeux, moitié effrayé : — « Voici ce que vient de me dire le capitaine qui vous menaçait tout à l'heure : — « Voilà un bon b... de curé qui « n'a pas peur : à la bonne heure! si tous « avaient fait comme lui, il y aurait eu moins « de mal. Mais allez lui dire que je ne suis « pas sûr de mes hommes, et que je ne vou- « drais pas qu'il m'arrivât un malheur. Je le « prie de quitter sa soutane et de prendre un « autre habit. Je serais désolé qu'il lui arrivât « du mal. » — Très touché de cette attention de sa part, je ne fis aucune difficulté de changer d'habit, et je me mis en douillette.

A mesure que le jour baissait, le feu se ralentissait. A la nuit tombante, on n'entendait guère que des coups isolés. Mais comme on ne pouvait ni ouvrir les portes ni se mettre aux fenêtres, nous ne savions rien des événements accomplis. L'inquiétude en était d'autant plus grande. Le sifflet des fédérés, place de Saint-Thomas-d'Aquin et rue Saint-Dominique, déchirait sans cesse la lourde atmosphère que nous respirions : donc, ils tenaient encore ; jusqu'à quand ? où en était la bataille, non seulement chez nous, mais dans les autres quartiers de Paris ? Certainement, l'armée du désordre devait se défendre à outrance ; il s'agissait pour elle de vie ou de mort : elle ne devait céder que pied à pied. A quelles extrémités allait-elle se livrer ? Toutes ses menaces nous revenaient à la mémoire. Allions-nous sauter par l'explosion des mines dont tout le monde parlait depuis plus de trois semaines ? en serait-ce fait de Paris, comme l'avait dit l'orateur de Saint-Nicolas-des-Champs? Il est plus facile de se faire une idée de nos angoisses que de les rendre. La nuit pouvait être effroyable, une nuit de cataclysme. Il devenait de plus en plus impossible de se rendre compte de l'état des affaires. Peu à peu il se fit un apaisement : le silence autour de nous devint profond, redoutable.

C'est alors que, entre une et deux heures de la nuit, le poste du comité de l'artillerie, désespérant de pouvoir tenir le lendemain, me fit demander si je lui permettrais de se sauver par l'église. La demande était bien humble pour des hommes qui étaient maîtres de nos vies la veille. Je répondis sans hésitation que je le leur permettais, à la condition toutefois qu'ils laisseraient leurs armes dans le poste et qu'ils sortiraient sans bruit. Tout fut ainsi exécuté; et à la première heure, le matin, le poste fut occupé par les nôtres, un peu surpris de le trouver vide.

Telle fut, pour notre quartier, cette journée mémorable. Personne ne savait, personne, de quelques jours, ne devait savoir par quel heureux et inattendu événement les troupes de Versailles avaient pu pénétrer dans Paris, gardé et défendu avec fureur, et dont l'assaut n'avait pas été tenté.

Nous nous réjouissions d'une victoire désormais assurée. L'armée, déployée en éventail, balayait devant elle la tourbe déconcertée de nos ennemis. Mais nous ne savions pas quelles horribles vengeances ils allaient exercer, de quelles barbaries sans nom ils allaient déshonorer le nom français.

Arrêtons-nous là, mon cher ami. Le sang me monte aux yeux : je n'y vois plus ; et ma main se refuse à retracer des souvenirs qu'il faudrait ensevelir dans les plus profonds abimes de l'oubli.

Neuvième Lettre.

NEUVIÈME LETTRE

Mon bien cher Ami,

Sortons de ces douloureux souvenirs, et laissant à la froide histoire le soin de raconter la fin de ce drame fratricide, reposons-nous, si vous le voulez, en rappelant quelques traits qui honorent le cœur humain, autant au moins que l'humilient les crimes de ces jours de malheur. Encore ici vous n'apprendrez que ce qui s'est passé sous les yeux et même à l'occasion de votre ami.

Dès que fut ouverte l'ère des incarcérations, il se fit parmi nos amis, qu'on n'appelait pas encore *cléricaux*, un mouvement d'inquiétude et de protection, empruntant les formes les plus diverses. Des hommes de loi voulurent bien exposer leur tranquilité pour nous offrir de nous défendre, autant que la chose serait possible, dans ce renversement de toute justice, contre les hommes néfastes, qui trônaient à l'Hôtel de ville, au Palais de justice et à la Préfecture de police. C'est ainsi que M. P. [1], avocat, dont le mérite professionnel était relevé par sa foi et son courage chrétien, nous fit offrir son dévouement et ses services. Il savait à quoi il s'exposait, car il connaissait personnellement plusieurs de nos ennemis. Mais on aurait dit qu'il se croyait assez protégé par

[1] M. Plou.

l'infirmité cruelle de sa cécité. Quoi qu'il en soit, très lié avec quelques prêtres de Notre-Dame des Victoires, notamment avec M. l'abbé Amodru, depuis peu curé de Notre-Dame des Vertus d'Aubervilliers, il se servait de cette industrieuse amitié pour nous faire parvenir ses conseils et répondre à nos communications. Il fut ainsi secourable à beaucoup d'entre nous. Par ses informations très précises, nous étions mis à même d'éviter ou de prévenir bien des embarras. Son bienveillant accueil, la sérénité constante de son visage et de sa parole, nous étaient un soutien et une force. Lui seul peut savoir le nombre de ses obligés et l'importance des services qu'il sut rendre. On aurait dit qu'il était assuré contre les coups de nos proconsuls, et sûr d'obtenir d'eux ce qu'il pouvait leur demander [1].

(1) M. Plou, mort depuis quelques mois, a été recevoir de la main de Dieu, la récompense de sa vie chrétienne et du dévouement de sa charité.

Des secours d'un autre genre, peut-être plus méritoires, furent accordés à quelques-uns d'entre nous.

Personne n'a oublié les inspirations courageuses des *Dames de la Halle*, en faveur de leur bien-aimé curé, M. l'abbé Simon, de douce et gracieuse mémoire. Il leur dut de sortir de la Conciergerie et de rentrer, au milieu de son troupeau, dans son presbytère.

Il ne fut pas seul à recevoir cette signalée faveur de la Providence. M. le curé de Montmartre et un de ses vicaires furent sauvés d'une manière plus surprenante encore. Et ici, mon cher ami, je vous demanderai de vous reporter à ma dernière lettre et de vous souvenir que je me suis presque engagé à vous reparler d'une vaillante victime de la Commune expirante, Mlle Le Maraisquer.

Nous avons assisté à la dévastation de son coquet appartement, rue du Bac. Sa literie et ses meubles servirent à former la barricade élevée en face du *Petit-Saint-Thomas*; ce qui ne fut pas jeté par les fenêtres fut jugé bon à prendre. Rien n'échappa à la dévastation. Or cette ruine tombait sur une simple modiste, dont l'élégante installation, avec l'industrie de ses doigts, faisait toute la fortune. J'ai vu de mes deux yeux ce douloureux spectacle, et je puis dire que j'y ai assisté. La victime subissait ce revers, calme et résignée, comme elle avait été osée jusqu'à l'imprudence, dans les circonstances que je vais vous dire.

M. l'abbé Bertaux, curé de Saint-Pierre de Montmartre, avec un de ses vicaires, étaient prisonniers de la Commune. M. le curé fut même un des deux négociateurs envoyés à Versailles, pour traiter avec M. Thiers de l'échange des otages. Son courageux retour lui fit le plus grand honneur. Mais il n'aurait pas suffi pour l'arracher aux mains de ses geôliers.

Mlle Le Maraisquer, jeune encore, elle avait à peine trente ans, qui aimait à proclamer qu'elle lui devait son éducation, se mit en tête d'aller le réclamer auprès de Raoul Rigaud et de Ferré. Seule, je ne sais par quelle protection du ciel, elle parvint à se faire introduire dans ce repaire de tigres, et soit par son assurance modeste, soit par sa parole émue, soit par le charme de sa beauté, elle leur arracha les deux proies qu'ils tenaient déjà dans leurs griffes.

J'ose à peine avouer qu'ayant appris ce coup d'audace le lendemain de sa réussite, tout en bénissant Dieu du résultat, je ne pus m'empêcher de blâmer l'entreprise. Étant donné la connaissance des deux monstres et de la vie dont ils souillaient le Palais de Justice, il me semblait plus qu'imprudent d'avoir affronté, jeune et belle, seule et sans protection, une aventure plus délicate que celle de Judith allant trouver Holopherne au milieu de son camp.

Ma désapprobation ne l'empêcha pas de faire une autre tentative pour d'autres prisonniers, et avec le même succès. Je viens de vous dire de quelle manière la commune lui fit expier les inspirations de son grand cœur. Elle songe maintenant à ensevelir dans une maison religieuse les trésors d'esprit, de générosité et de grâce, qui purent charmer des hommes tels que Raoul Rigaud et Ferré [1].

(1) Dieu vient de retirer à lui cette nature d'élite. Il ne lui avait refusé aucun des dons qui font une personne distinguée. J'ai parlé de son esprit qui était fin, pénétrant, et plus orné que ne le demandait sa condition. Ce que l'on vient de lire montre assez quel était son cœur, quelle sa générosité, quel l'oubli de soi-même. Son caractère, plein d'aménité, était au-dessus de toutes les difficultés. Ruinée par la Commune, elle ne proféra jamais une plainte, et se remit à l'œuvre avec un courage tranquille, pour refaire sa position. Mais sa piété la portait plus haut. Elle entra chez les dames de Notre-Dame de Sion. Elle y fut aussitôt distinguée et aimée. Mais sa santé, ébranlée par les émotions et par la violence qu'elle avait dû se faire pour les dominer, la força, après plus de deux années de persévérance, à quitter cet asile où elle avait trouvé les plus aimables sympathies.

Retirée dans un petit appartement, seule et malade, mais toujours vaillante, elle a subi pendant plusieurs années, au milieu

Il y eut encore d'autres manières de nous être secourable : en voici une dont j'ai été l'objet.

d'un travail forcément intermittent, les ravages d'un mal cruel, contracté sans doute, comme nous en avons vu, et comme nous en voyons encore tant d'exemples, pendant les jours néfastes de 1870-71. Elle a eu le sort de son bienfaiteur, M. Bertaux, mort, lui aussi, il y a quelques mois, des suites de ces mauvais jours. Les souffrances continuelles et, par instants, horribles n'altérèrent jamais la douce et sereine résignation de son âme, et touchèrent à peine sa fleur de jeunesse conservée et sa virginale beauté.

Ses goûts délicats, l'amour des fleurs, de l'ordre, du rangement, elle les a conservés jusqu'à son dernier jour! Sa chambre de malade, dans son élégante et blanche toilette, avait la simplicité d'une cellule de religieuse et la distinction de la chambrette d'une fiancée. Le Seigneur, en la visitant, se trouvait comme dans un sanctuaire pur et orné.

Elle dut à la fin chercher un refuge dans une retraite tenue par des sœurs de Saint-Vincent de Paul; et, tout à fait à ses derniers jours, pour subir une terrible opération, chez les Dames Augustines de la rue de la Santé. C'est là qu'elle a rendu son âme à Dieu, toujours calme, toujours soumise, toujours courageuse, au milieu d'horribles souffrances, se reprochant le cri de douleur qui lui échappait quelquefois, et n'ayant proféré d'autre plainte que celle-ci, et une seule fois : « L'agonie est bien longue! »

Ses amis, aussi nombreux que les personnes qui l'avaient connue, l'ont accompagnée en pleurant au cimetière du Montparnasse, où elle repose dans la paix du Seigneur, attendant la récompense d'une vie deux fois sanctifiée : par la foi et par la souffrance.

A mesure que les circonstances devenaient plus difficiles et plus menaçantes, nous étions plus avides de nouvelles. Nous aurions voulu en avoir à chaque heure du jour et de la nuit; des nouvelles des nôtres et de nos affaires, comme nos ennemis nous assourdissaient de leurs projets et de leurs succès. Dès quatre heures et demie du matin, une nuée de crieurs répandaient dans toute la ville les ordures du *Père Duchesne*, et, avec les ordures les décrets des clubs de la veille et les menaces du jour. Les feuilles de la Commune se succédaient avec une rapidité fiévreuse, toujours triomphantes, toujours méprisantes, et pleines d'injures à l'adresse des *Versaillais*. Nous n'avions, nous, que les rares feuilles, courtes et discrètes, des quelques journalistes demeurés fidèles à leur poste, malgré les menaces armées ou non qui planaient sur leur tête, malgré l'émeute en-fiévrée qui pouvait à chaque heure briser leurs presses, malgré les autorités du moment, qui, d'un trait de plume, pouvaient paralyser leur main et même engager leur vie. Mais plus la matière était rare et précieuse par les dangers qu'elle faisait courir à ceux qui avaient le courage de nous la distribuer, plus elle était recherchée avec ardeur et attendue avec impatience. Les kiosques où l'on avait l'espoir de la trouver étaient toujours entourés d'une foule avide.

A peu près tous les soirs, entre dix et onze heures, j'allais, d'un pas triste et préoccupé, chercher, à l'angle du quai Voltaire et du Pont-Royal, la nouvelle de nos espérances ou de nos dangers du lendemain. Or, quatre ou cinq jours avant le 21 mai, je m'aperçus que j'étais suivi, à trois ou quatre pas, par un homme à allure tranquille, que j'avais plusieurs fois vu derrière moi, sans y faire attention, sans me douter de rien. Ce soir-là, après une

assez longue attente inutile, je reprenais le
chemin de chez moi, plus triste que de coutume, persuadé que l'absence de journaux de
l'ordre ne nous annonçait rien de bon. Après
une dizaine de pas, à l'entrée de la rue du
Bac, mon compagnon, dont je n'étais pas autrement occupé, s'approcha discrètement de
moi et me dit d'une voix plus discrète encore
que son approche : « Vous veniez chercher un
journal, Monsieur le curé? Je sais celui que
vous achetez tous les soirs. Il ne paraîtra pas
aujourd'hui, mais si vous voulez me le permettre, je vous en offrirai un qui le rempla-
cera. » Après un premier mouvement de surprise, je remerciai, j'acceptai l'offre; mais je
crus pouvoir demander à qui j'avais affaire.
« Oh! Monsieur le curé, me dit-il, je vous
connais bien, je suis un de vos paroissiens, un
simple marchand de vins d'ici tout près, dans
la rue du Bac. Je vous vois souvent passer

devant chez moi, et notamment tous les soirs. Je me suis souvent permis de vous accompagner, pour qu'il ne vous arrive rien de fâcheux dans ces jours de désordre. Pour le même motif, je fais chaque jour quelque visite dans votre église. »

Je le laissai parler, sans mêler, de mon côté, que de rares monosyllabes à ce que j'entendais, avec au moins autant de surprise que de reconnaissance. Il ajouta : « Comme marchand de vins, je vois beaucoup de monde, et de ce monde-ci ; et j'entends beaucoup de choses qu'on ne dirait pas devant vous. Il s'agit de vous souvent, je veux dire, des prêtres, des églises, de la religion. On ne se méfie pas de moi. J'écoute sans rien dire. Je puis donc vous tenir au courant de tout ce qui se passe, de tout ce qui vous menace. Permettez-moi de venir vous en parler toutes les fois qu'il y aura quelque chose de plus grave dans l'air. »

Vous jugez si j'ouvrais les oreilles et si je donnais les permissions demandées. Cependant je n'étais pas sans quelque trouble inquiet. Je ne savais encore ni le nom ni précisément la demeure de mon interlocuteur. L'heure n'était pas rassurante, et les circonstances laissaient place aux hésitations de la confiance. Mais la conversation nous avait conduits presque à la porte de mon bienveillant compagnon. Il me dit : « Voici ma maison. Veuillez ne pas oublier cette porte. Je m'appelle B. [1], et je suis connu dans le quartier. On ne vous dira pas de mal de moi. » Et m'accompagnant toujours malgré mes instances pour l'empêcher de se déranger en ma faveur, attendu que, si près de chez moi, je n'avais rien à craindre, il voulut donner une conclusion pratique et protectrice à tous ses dires, en me faisant la pro-

[1] Barbier.

position, presque compromettante pour lui, que voici : « Avant de vous quitter, je vous prie de me permettre de vous offrir un asile chez moi. J'ai une chambre à votre disposition. Personne n'aura l'idée de venir vous chercher chez un marchand de vins. Vous serez libre et tranquille. Nous serons honorés, ma femme et moi, de vous posséder sous notre toit. »

Comme je m'excusais, en disant que je devais rester dans mon presbytère, et ne quitter ni mon église ni mes prêtres, logés à côté de moi, ni mes employés, également logés dans ma maison, et qui pourraient être tous exposés à payer pour moi, il lui vint probablement en l'esprit que je refusais son offre pour ne pas prendre logis chez un marchand de vins. Ce qui était loin de ma pensée. Et il ajouta : « Si vous avez quelque répugnance à venir loger chez nous, j'ai un autre asile à vous offrir.

Vous connaissez la famille T. (1) et son hôtel,
rue de Lille, presque aussi près de chez vous
que je le suis; cette famille, dont j'ai été le
serviteur, m'honore de sa confiance. J'ai toutes
les clefs de leur demeure. Je suis chargé de
veiller à tout ce qui les regarde, pendant leur
absence. Je sais qu'ils seront tous heureux
d'apprendre que je vous ai ouvert leur maison. »

Je la connaissais bien, cette noble maison,
où vivaient ensemble, dans une union invraisemblable en nos temps d'individualisme, une
mère vénérable autant que vénérée, ses trois
fils et ses trois brus, et leurs petits enfants.
Exemple admirable de l'accord parfait, de la
paix tendre et confiante que peut établir dans
la famille la plus nombreuse, la bonne religion
de tous ses membres, développant et fortifiant

(1) Tournouër.

les vertus et les qualités naturelles, ainsi que l'esprit de famille de chacun.

Après avoir exprimé ma reconnaissance, et cette fois avec plus d'accent, je restai fidèle à ma résolution, et bien m'en prit, comme vous allez voir. Mais M. B. ne me quitta qu'à ma porte, me laissant pénétré de sentiments très divers, quoique revenant tous à me faire adorer la Providence, dont les moyens de protection sur nous sont infinis, infiniment variés, presque toujours inattendus.

M. B., ainsi qu'il me l'avait promis, venait tous les jours, quelquefois même il ne s'en tenait pas à une seule visite, pour m'informer de ce qu'il avait appris et de l'approche de plus en plus menaçante d'événements tragiques.

Le 21 mai arriva : après huit heures du matin, toute communication fut interrompue entre M. B. et moi. Nous ne nous vîmes plus que le jour de l'incendie de Paris. On se cherchait

au milieu des lamentations et de l'épouvante
générales. Les nouvelles, comme il arrive toujours, augmentaient encore l'étendue du désastre. Tout devait brûler; tout devait sauter [1]. On ne voyait plus que gens effarés,
occupés à boucher les soupiraux des caves,
pour les défendre contre le pétrole. C'est dans
ce moment de trouble et de terreur, que M. B.
me vint trouver. Son visage était décomposé.
« Eh bien! lui dis-je, qu'est-ce qui est arrivé?
Je suis ruiné, me répondit-il; toutes mes éco-
nomies, le fruit du travail de toute ma vie est
détruit; il ne me reste plus rien. L'incendie a
tout dévoré; je n'ai pu rien sauver. J'avais
pour 6,000 francs de vins fins dans ma cave,
certainement, le feu aura tout fait éclater. (La
chose se trouva trop vraie, quand on put déblayer les ruines.) Mais quelque chose de plus

(1) Depuis plus d'un mois, il n'était question que des mines
explosives établies sous tous les quartiers de Paris.

épouvantable encore, c'est que la maison de mes anciens maîtres et bienfaiteurs est en cendres aussi. Ce bel hôtel, avec les richesses de quatre riches ménages, tout a péri. L'hôtel voisin, appartenant à M. G. [1], et qui était rempli des objets d'art les plus rares, notamment de cette unique collection de gravures et d'études d'Ingres ; il n'en reste plus qu'un tas de décombres fumants. »

Et ce brave homme, se lamentant autant ou plus sur les malheurs des autres que sur sa propre ruine, ne savait pas qu'il honorait la nature humaine, à l'égal des âmes les plus élevées, pendant que nos horribles incendiaires l'humiliaient au-dessous des hordes les plus sauvages. Je ne pouvais pas oublier, quant à moi, que les flammes venaient de dévorer le double asile que si généreusement il m'avait

[1] M. Gatan.

offert, et qu'une fois de plus j'étais l'obligé de la Providence pour avoir échappé au danger de périr par le feu (1).

Mais me voilà retombé dans le spectacle que je voulais fuir. On ne peut toucher à cette époque fatale sans réveiller d'abord les souvenirs les plus lugubres, et se sentir comme obsédé par les images du crime et de la destruction. Ayez compassion de ma douleur, mon bien cher ami, et aussi de ma faiblesse. Nous touchons à la fin de ces tristes confidences.

(1) M. Barbier ne s'est pas abandonné. Il s'est remis à l'œuvre avec un courage de jeune homme. M. Gatan qui le connaissait, lui permit de bâtir un établissement provisoire sur les ruines fumantes encore de son hôtel, en face la *Caisse des Dépôts et Consignations* ; et, grâce à ce voisinage, au voisinage de son ancienne maison, connu et apprécié dans le quartier, comme il l'était, son commerce a prospéré, et je suis heureux de le voir de nouveau à la tête de fort bonnes affaires.

Dixième Lettre.

DIXIÈME LETTRE

Mon bien cher Ami,

J'AURAIS pu beaucoup allonger la liste des personnes dévouées qui cherchaient à nous être utiles dans les angoisses de nos mauvais jours. Les PP. Jésuites, dans leur livre sur la captivité du Père Olivaint, nous ont révélé la touchante industrie de cette amie courageuse qui avait trouvé le secret de faire parvenir jusqu'à la cellule des martyrs, avec quelques secours matériels, la force et la consolation de l'Eucharistie, le viatique de leur Passion.

Sur la paroisse de Saint-Thomas d'Aquin, il se trouva un bien humble industriel, un simple coiffeur, qui s'était procuré, je n'ai jamais su comment, un laisser-passer, qui lui donnait le moyen de se rendre une fois par semaine à Versailles, et de nous en rapporter des nouvelles, dont nous étions affamés. Deux fois j'eus l'occasion de le voir sans qu'il me fût possible de me renseigner suffisamment sur ce service régulier, auquel plusieurs personnes avaient recours. Le temps n'étai pas aux confidences faciles, ni à la confiance sur l'étiquette. On se parlait à l'oreille, et quand on ne se connaissait pas bien, les communications étaient réservées.

Cela ne m'empêcha pas de profiter deux fois du bon vouloir d'une personne qui m'est restée inconnue, pour adresser deux lettres à Mgr l'Archevêque de Paris, détenu encore à la conciergerie; mais je dois ajouter que je n'ai jamais su le sort de mes deux condoléances.

Inquiet, comme nous l'étions tous, au sujet de cette détention, je commis la puérile tentative, non d'imiter Mlle Le Maraisquer, mais d'obtenir d'être introduit auprès de cet illustre captif auquel j'avais voué plus de vénération et d'admiration que je ne lui devais de reconnaissance. Quand on est sans expérience, on ne doute de rien, et l'âge seul ne donne pas l'expérience. C'était, je crois, le jeudi de Pâques, je m'acheminai le long des quais, d'un air certainement très triste et préoccupé. Deux de ces bouquinistes qui étalent sur les parapets, et dont je suis trop connu, frappés de cet air qu'ils ne m'avaient jamais vu, inquiets de me voir en soutane à pareil moment et en pareil lieu, voulurent me persuader de rentrer chez

moi : leur ayant laissé entendre ce qui m'occupait, ils firent plus d'instances, sans m'arrêter.

J'arrivai au Palais de justice. Là seulement
je m'aperçus que j'avais négligé de m'informer
à quelle porte j'avais à m'adresser ; force me
fut de me renseigner auprès des citoyens qui
les gardaient toutes, en nombre. Cela me valut
d'être renvoyé cinq fois d'une porte à l'autre,
avec cette aménité dont ces citoyens avaient le
secret. Parvenu enfin à celle qui était l'entrée
de la Conciergerie, grande porte sur le quai de
l'Horloge, j'abordai modestement, mais sans
trop d'embarras, la garde qui veillait là , plus
farouche encore que toutes celles que j'avais
abordées. Je subissais un interrogatoire délicat,
sinon délicatement inauguré, lorsque de l'autre
côté du quai, en face de la porte , se détache
d'un groupe un citoyen, portant les galons
d'officier , qui me prend brusquement par

l'épaule et me pousse au milieu de la chaussée, en me reprochant, avec un verbe de corps de garde, mais à voix très basse, mon imprudence, en m'enjoignant de me retirer au plus vite, si je ne voulais pas subir une arrestation.

Je me retirai plus triste que je n'étais venu ; pas plus informé, et plus inquiet. Je ne revis ce quai et le quai des Orfèvres, sur l'autre bras de la Seine, que le jour de l'incendie de Paris, où j'y fus ramené par la terreur de voir la sainte Chapelle en feu, et où je fus appelé à me mettre à la chaine pour le service des pompes, pendant près d'une heure, sans parvenir à être rassuré sur le sort du monument qui occupait à cette heure funeste tout ce qui conservait quelque sentiment de l'art.

Une escouade de pompiers manœuvrait avec ardeur sur les deux quais de la Cité, pour arrêter l'incendie consumant le Palais de justice inachevé. Mais nul ne paraissait comprendre

ce que je demandais, quand je parlais de la
sainte Chapelle. Les flammes l'enveloppaient,
et j'entendais dire au loin que la flèche commençait à s'incliner. Mais les pompiers parais-
saient absolument étrangers à nos terreurs ; et
ils l'étaient en effet, car ces braves gens, comme
je l'appris depuis, n'appartenaient pas au corps
des pompiers de Paris, mais étaient accourus
de Chartres, si mes informations sont exactes.

Pour eux, la sainte Chapelle, ce chef-d'œuvre
incomparable de l'architecture du xiiie siècle,
était une église quelconque, dont ils ne con-
naissaient même pas l'emplacement.

Il me fut donné de voir, dans cette circonstance, jusqu'où la peur peut troubler la raison.
Sur le quai des Orfèvres, se trouvent, ainsi
que le savent tous ceux qui ont habité Paris,
les plus hautes maisons de la ville. L'incendie
ne les avait pas encore touchées, mais il dévorait, comme vous venez de le voir, l'im-

mense édifice voisin, le Palais. Les habitants
de ces hautes maisons étaient tellement épeurés,
qu'ils déménageaient leurs meubles par les fenêtres. J'ai vu des commodes, des bahuts, des
tables, des secrétaires lancés d'un cinquième,
d'un sixième étage. Tout cela se disloquait
avant d'arriver à terre et était réduit en miettes
en touchant le sol. Tout le monde était effaré,
on n'entendait que cris désespérés. Mais quelque
ému que je fusse moi-même, je ne pouvais me
défendre de la pensée qu'il eût été meilleur pour
ces malheureux de sauver en hâte ce qui pouvait être emporté, de songer à se sauver eux-
mêmes, que de passer leur temps, les courts
instants dont ils croyaient pouvoir disposer encore, à détruire, par cet étrange moyen de
sauvetage, ce qui n'aurait pas été autrement
détruit par le feu.

Mais qui est maître de soi en pareils moments? N'ai-je pas vu, le matin même de ce

jour, une famille de mes amis, habitant la rue
de Beaune, surprise au milieu de la nuit par
les cris : *Au feu !* s'enfuir presque nue, n'em-
portant avec soi, dans sa précipitation échevelée,
que ce que pouvait contenir un mouchoir de
poche et se sauver en cet équipage, à travers
les barricades, jusque chez nos chères sœurs
de la rue Saint-Guillaume ? C'est là que je les
trouvai tous trois, père, mère et fille, dans le
désordre de leur fuite, éplorés, se serrant l'un
contre l'autre, et me montrant avec désespoir
tout ce qu'ils avaient pu emporter de leur
grande aisance. « Voyez, me dit le père en
sanglotant, où nous a réduits le feu devant
lequel nous fuyons. C'est tout ce qui nous reste
de notre fortune. » Heureusement un quart
d'heure après j'avais la consolation de leur
pouvoir redonner un peu de cœur, en leur ap-
prenant que l'incendie, concentré dans la rue du
Bac, où il dévorait la maison de mon pauvre

M. B...[1], mur mitoyen avec la leur, ne les atteindrait pas autrement que par les dégâts, inévitables dans toute invasion de pompiers. Et cela se trouva vrai.

Les scènes les plus étranges se succédaient au milieu de ce désordre. En voici une bien inattendue, et dont on s'occupa beaucoup dans le quartier. Les pétroleurs qui venaient de mettre le feu à cette longue série de maisons de la superbe rue de Lille allant de la rue de Bellechasse à la rue de Beaune, et qui, par cette traînée de flammes, réduisirent en cendres le palais du Conseil d'État et de la Cour des comptes, le palais de la Légion d'honneur, l'hôtel de M. le marquis de Saint-Aignan, l'hôtel des Dépôts et Consignations, pour ne parler que des monuments; ces horribles pétroleurs se présentèrent à l'angle de la rue de Beaune, chez le boulanger qu'on y voit encore : « Mais,

[1] Barbier.

leur dit la boulangère, si vous brûlez notre maison, qui vous donnera du pain ? » Cette simple question, accompagnée sans doute de quelques générosités obligées, suffirent pour sauver la maison de sa ruine et plusieurs autres avec elle.

Pendant ce temps-là, le feu de la rue de Lille pénétrait jusqu'à la rue de Verneuil, derrière les hôtels de Mme T. (1) et de M. Gatau. Dans une de ces maisons qu'il fallait déserter au plus vite, avaient été reçues de pauvres religieuses dominicaines, chassées de leur monastère de la rue de Charonne. Les voilà dans la rue avec leur petit sac à la main et cherchant, comme à tâtons, au milieu des rues dépavées, parmi les incendiaires, fuyant eux-mêmes déjà effarés devant les premiers soldats de Versailles, tirant et recevant des coups de fusil. La plus jeune de ces exilées, jeune religieuse de moins de vingt-cinq ans, morte

(1) Tournouer.

depuis des émotions de ces lugubres événements,
oublia un instant la douceur de ses sentiments
et de ses habitudes. En fuyant dans la rue de
Poitiers, elle avisa un malheureux qu'elle avait
aperçu mettant le feu à une maison, elle appelle
un de nos soldats qui débouchait par la rue de
l'Université : « Monsieur le militaire, en voilà
un qui mettait le feu, tuez-le, tuez-le ! »

Presque au même moment j'assistais à un
spectacle horrible. Dans la maison du marchand
de vin qui fait l'angle de la rue de Beaune et
de la rue de l'Université, se trouvait un individu, vêtu comme nos soldats de ligne. Sans
que je puisse dire sur quelle indication, je vis
entrer dans cette maison trois de nos Versaillais,
qui en sortirent aussitôt entraînant avec violence ce misérable, et le poussèrent contre le
portail de l'hôtel du duc de Cambacérès. Collé
contre le mur, il reçut trois coups de feu, à
bout portant. Aux deux premiers, quoique

frappé en pleine poitrine, il put se tenir encore debout, sa tête nue un peu portée en arrière et repoussant l'agression de ses deux bras tendus; au troisième, il s'affaissa et ne fit plus aucun mouvement.

Je crus pouvoir et devoir demander compte d'une pareille exécution sur un militaire de notre armée; on voulut bien calmer mon émotion, en m'expliquant que ce prétendu soldat de l'ordre n'était qu'un misérable qui s'était revêtu de l'uniforme d'un des nôtres tué par lui, pour échapper, sous ce déguisement, au sort qu'il méritait. Aucune des fusillades auxquelles j'avais assisté jusque-là ne m'avait autant impressionné.

Je me rendais en ce moment chez un de mes amis et compatriotes, M. Valette, ancien professeur de philosophie à la Sorbonne, logé dans la maison où mourut Voltaire. J'avais besoin de savoir s'il n'était rien arrivé de fâcheux ni à lui ni à sa femme, âgés l'un et

l'autre, l'un et l'autre infirmes et malades. De
leur appartement, presque vis-à-vis le pavillon
de Flore, nous avions le spectacle infernal de
l'incendie des Tuileries, du Palais-Royal, du
Ministère des finances, du Palais de justice et
de l'Hôtel de ville. Derrière nous flambaient la
rue de Lille et la rue du Bac. A notre gauche,
la Seine nous renvoyait le reflet des flammes
dévorant la Caisse des Consignations, le Conseil
d'État et la Légion d'honneur. Il ne se peut
rien imaginer de plus épouvantable. *Vox fau-
cibus hæsit.* Nous n'avions de force que pour
pousser des gémissements sourds, sans paroles,
semblables à des râles. Je vois encore, presque
avec le tremblement nerveux d'alors, les pompiers grimpés sur la toiture de la galerie neuve
du bord de l'eau, fiévreusement occupés à
couper le feu avant qu'il eût atteint les trois
guichets qui la séparent de la galerie Henri II,
trésor inestimable et incomparable de nos

musées. Ne pouvant les encourager de la voix,
nous leur faisions des gestes désespérés, comme
s'ils avaient pu s'occuper de nous.

Ce fut en quittant mes vieux amis que je me
rendis, ainsi que je vous l'ai dit, aux informations pour connaître le sort de la sainte
Chapelle, dont ils étaient aussi inquiets que
moi. De là je pus atteindre la place Saint-
Michel, pour voir de plus près l'étendue des
ruines du Temple de la justice et de la Préfecture de police, et la catastrophe du Palais du
peuple.

Qui n'a pas connu la splendeur de ces édifices,
leur glorieuse histoire, les richesses artistiques
qu'ils renfermaient, les innombrables millions
qu'ils avaient coûtés, ne peut se faire une idée des
accablantes impressions subies par nous à ces
heures diaboliques. Ruine publique, pertes
irréparables, humiliation devant un ennemi fier
de nos défaites, assistant, la satisfaction au

cœur, à une dévastation qu'il n'aurait pas osé faire lui-même en face de l'Europe civilisée, tel était le sujet de notre désespoir.

Nous nous en entretenions, M. le curé de Saint-Germain des Prés et moi, près de la fontaine monumentale de Saint-Michel, et nous nous félicitions d'avoir pu constater que la sainte Chapelle échappait aux flammes, comme par miracle, lorsqu'une immense clameur nous ramena plus près du quai. L'on venait d'apercevoir à l'horizon, vers l'est, une haute et épaisse colonne de noire fumée, rougie à sa base, et comme éventrée d'espace en espace, dans sa hauteur, par un feu intense. Qu'est-ce de nouveau, se demanda-t-on? Quel est encore ce nouveau désastre? On ne fut pas longtemps à deviner que c'était le Grenier d'abondance qui brûlait. Cette effrayante colonne ne pouvait s'élever si haut que parce qu'elle était puissamment alimentée; elle n'était si sinistre, qu'à cause de

l'entassement des matières grasses et inflam-
mables qu'elle dévorait. Nous étions cependant
plusieurs à craindre que ce ne fût la fin de la
bibliothèque de l'Arsenal, un trésor bibliogra-
phique sans prix. Heureusement le désastre,
quelque effroyable qu'il fût, n'était que le désastre matériel du Grenier d'abondance [1].

C'en fut assez pour satisfaire notre douloureuse curiosité ; nous nous retirâmes, M. l'abbé
Comte et moi, abîmés dans la douleur, silen-
cieux et pouvant à peine trouver assez de
forces pour rentrer chez nous. En cheminant,

[1] La France et la ville de Paris savent aujourd'hui ce que
leur coûtent les fantaisies révolutionnaires. Quand on supputera
ce qu'a coûté la reconstruction du Palais de justice, de l'Hôtel
de ville, du palais de la Légion d'honneur, du Palais-Royal,
des parties refaites des Tuileries et du nouveau Louvre ; l'appropriation d'une autre partie de ce dernier palais pour en
faire le ministère des finances, l'appropriation du Palais-Royal
pour le conseil d'État et la cour des comptes, la disposition des
ruines des Tuileries pour la préfecture de la Seine, etc., etc.,
sans compter ce qui nous reste à déblayer et à relever, on aura
peut-être pour ces entrepreneurs de révolutions l'horreur qu'ils
méritent. Ceux que ne touchent pas les raisons morales, répondent
quelquefois aux arguments du coffre-fort.

il me revenait dans la mémoire des souvenirs
qui achevaient mon accablement. Au club de
Saint-Eustache, un soir, j'avais entendu con-
damner à la destruction la colonne Vendôme,
dont auparavant les Français étaient si fiers;
elle avait été renversée. Un autre soir, l'on
avait osé parler d'incendier les Tuileries, les
Tuileries étaient en feu. L'on avait délibéré
sur ce que l'on mettrait en la place de ce
chenil, c'est ainsi qu'on appelait le palais de
nos souverains : les uns disaient un restaurant
pour le peuple, à quoi d'autres répondaient
que le peuple, hélas! ne connaissait pas les
restaurants. Ceux-ci opinaient pour une bibliothèque populaire; mais, disaient ceux-là,
est-ce que le peuple a le temps de lire? Eh
bien, ajoutait un autre groupe, nous y ferons
un grand promenoir pour nos enfants. Et toutes
ces folies étaient applaudies avec enthousiasme.
Il est à craindre, me disais-je avec tristesse,

qu'on n'essaye de tout cela. On y a la main, le plus gros est déjà fait. A moins que peut-être on n'en vienne à ce que j'ai entendu, il y a quelques jours, entre trois ouvriers qui remontaient le quai Voltaire. Ils devisaient entre eux de leurs espérances et du bel avenir qu'ils nous préparaient. Les menaces ne manquaient pas; lorsque celui qui tenait le milieu, jetant un regard farouche sur les belles constructions du quai, d'un côté, et sur la galerie des Tuileries, de l'autre, dit avec une tranquillité froide : « Nous *mettrons* le feu à tout cela; ce sera le commencement. — Oh, non! dit son compagnon de droite, il ne faut pas détruire toutes ces belles choses. — Eh! Qu'est-ce que cela te f... à toi? ce sera de l'ouvrage pour longtemps. »

Ils voulaient de l'ouvrage, il y en a déjà de taillé, à les rendre satisfaits; sans compter celui que je ne connais pas encore. En 1848,

on avait inventé l'ouvrage des ateliers nationaux; en 1871, on le prépare par l'incendie.
En effet, si Paris n'est pas irrévocablement
destiné à disparaître de la surface de la terre,
il faudra le reconstruire; car il est bien en
cendres et les prophéties les plus sinistres sont
accomplies. Paris, ce ne sont pas quelques
rues étroites et hautes, et les vulgaires maisons que l'on trouve partout. Paris, ce sont
ses monuments, ses palais, ses bibliothèques,
ses musées, son opulence artistique, ses innombrables collections dans toutes les branches
de la science et de l'industrie humaines; c'est
la demeure de ses souverains, c'est sa splendide
maison de Ville, c'est son historique Palais,
c'est son immense coffre-fort des finances de
l'État, et tous ces trésors de tout ordre, en-
tassés par les siècles dans son immense enceinte.
Eh bien! tout cela flambe en ce moment. Donc
Paris n'existe plus. Demain ce ne sera qu'une

ville comme les autres, plus vaste, plus encombrée de ruines, plus malheureuse, un repaire de sauvages civilisés, une sorte de Rome dévastée par les barbares, en attendant que de nouveaux attentats en fassent une Babylone entièrement ensevelie sous ses décombres; ou bien que l'ouvrage demandé ne la réédifie!

Telles étaient les réflexions douloureuses qui faisaient pencher ma tête sur ma poitrine, m'oppressaient le cœur et alourdissaient mes pas. J'avais assez bien supporté mes propres épreuves, je succombais sous les malheurs publics.

Deux jours après, Saint-Thomas d'Aquin ouvrait ses portes pour recevoir les victimes de cette lutte fratricide. Nos officiers de l'armée de mer et de l'armée de terre, rentrés au comité de l'artillerie, nous avaient demandé un service pour ceux des leurs qui avaient succombé. La cérémonie fut aussi édifiante que touchante, et ce fut une grande consolation pour nous de pouvoir unir nos regrets et nos prières à ceux de ces braves gens qui avaient tant souffert pour notre délivrance.

Une autre satisfaction nous était réservée. La Fête-Dieu approchait; les pavés n'étaient pas encore remis en place, et le sang de la bataille n'avait pas encore été entièrement lavé sur le sol et sur les murs; nous nous demandions, avec une anxiété facile à comprendre, s'il fallait, si nous pouvions songer à faire, comme tous les ans, notre procession solennelle extérieurement sur la place de Saint-Thomas d'Aquin et dans la grande cour du Comité de l'artillerie. C'était le vœu de tout le monde, ce n'était l'espoir de presque personne. L'émotion encore fiévreuse de la rue, l'encombrement des lieux à parcourir, le danger de provoquer une démonstration sacrilège, ne fût-ce qu'une parole, ne fût-ce qu'un cri,

c'était plus qu'il n'en fallait pour nous faire
hésiter. D'autre part, cependant, nous devions
au Seigneur de publiques actions de grâces
pour les faveurs dont il nous avait comblés
pendant ces derniers trois mois, et ne serait-ce
pas une méconnaissance des bontés de la Providence et une pusillanimité ingrate envers
elle que de nous arrêter devant des dangers
possibles, mais moins menaçants que tous
ceux auxquels nous avions échappé! Sur ces
réflexions, pour n'être pas plus imprudent qu'il
ne convenait, je me rendis auprès de M. le
gouverneur de Paris, général l'Admirault, que
je trouvai botté et éperonné, prêt à monter à
cheval : « La rue est-elle tranquille, me dit-
il? Nous y veillons. Eh bien, la place de Saint-
Thomas d'Aquin vous appartient, faites votre
procession. »

Cette parole toute militaire m'affermit le
cœur. Mais, pour mettre, comme on dit, tous

les atouts dans mon jeu, en sortant des Tuileries, je me rendis à la Préfecture de police.
M. le préfet, M. L. Renault, m'accueillit, à
ma grande surprise, comme une vieille connaissance, qu'il voulut bien embrasser, et me
dit que la place Saint-Thomas d'Aquin n'é-
tant pas un lieu de passage, il ne voyait pas
de raison pour empêcher la procession; et que,
quant au Comité de l'artillerie, je n'avais qu'à
m'entendre avec le général-directeur. Muni de
cette double autorisation, je rentrai le cœur
content au milieu des miens, et nous eûmes
la très grande joie de faire, les deux dimanches
de la Fête-Dieu, notre procession avec une
solennité et une pompe exceptionnelles, au
milieu d'une foule inaccoutumée et dans un
recueillement de piété auquel les circonstances
donnaient un caractère particulier. L'appareil
militaire de la cour de l'artillerie était plus
grand et plus sévère que de coutume. On

n'avait pas eu le temps de déplacer les montagnes de projectiles et les entassements de matières premières réunies là par la Commune. Les canons, les affûts, les fourgons, les barricades mobiles bordaient les quatre côtés de cette vaste cour, dont le milieu était occupé par les matières que je viens de dire. On avait cependant trouvé l'emplacement du haut reposoir de tous les ans. Une garde d'honneur, avec des bouquets dans le canon des fusils, accompagnait le saint Sacrement, la musique militaire le précédait, l'émotion faisait battre tous les cœurs, les larmes étaient dans tous les yeux [1].

Ainsi finit pour nous, par cette belle fête, la trop longue et trop cruelle histoire de nos malheurs; et tel fut le couronnement des pro-

[1] Qui pourrait croire qu'en 1881 et 82 la faveur dont nous avions joui en 1871, nous a été retirée? C'est pourtant la triste vérité.

tections divines dont, pendant ce temps de malheur, nous avions été l'objet. Vous en avez voulu le récit, mon bien cher ami; quoiqu'il m'en ait coûté, je vous l'ai donné aussi complet qu'il m'a été possible. Laissez-moi espérer que vous unirez vos actions de grâces aux nôtres pour reconnaître la protection signalée et véritablement surnaturelle dont Saint-Thomas d'Aquin n'a cessé d'être l'objet.

Épilogue & Conclusion.

ÉPILOGUE & CONCLUSION

I

Il me semble entendre quelques-uns de ceux qui auront lu ce petit livre : « Pourquoi, se disent-ils, à douze ans de distance, vient-on réveiller de vieux et douloureux souvenirs ? N'est-il pas meilleur d'oublier et de laisser oublier ce qui fut une honte et une cruelle flétrissure pour notre cher et bon pays ? Quand on a beaucoup souffert en soi et dans les siens, on sent le besoin de panser ses blessures en paix, et de se réfugier dans les caresses de l'espérance. La Sagesse divine nous l'a appris : à chaque jour suffit son mal. Laissons le jour d'hier ensevelir les jours précédents. Puisque nous ne pouvons ressusciter nos joies évanouies, n'essayons pas de raviver nos tristesses passées et nos douleurs apaisées par le temps. »

Avant de répondre à cette leçon de sagesse, d'une sagesse spécieuse, je demande la permission de rapporter un fait qui s'y réfère. Les catholiques de Paris ont tous vu et admiré le beau monument élevé dans l'église Notre-Dame à l'illustre Victime de la Commune, Mgr l'Archevêque Darboy, œuvre de notre grand sculpteur chrétien, M. Bonnassieux. Le martyr, la poitrine trouée par les balles de ses assassins, tombe en les bénissant. Le mouvement est sublime ; mais, au lieu de cacher la blessure, l'artiste a cru devoir la montrer large et profonde. Admis dans son atelier avant que le chef d'œuvre en fût sorti, des amis de l'apaisement blâmaient son idée et auraient voulu qu'il ne fût pas question, dans un pareil monument, destiné à être placé dans le lieu saint, de cette preuve sanglante du drame de la Roquette. M. Bonnassieux, malgré toute sa modestie et son amour de la paix, ne crut pas devoir déférer à une critique qui lui semblait autant contraire à la moralité de son œuvre, qu'à la bonne inspiration de l'histoire.

Cet exemple seul serait la justification de mon humble travail.

Certainement oui : si les choses ne s'enchaînaient pas les unes aux autres, si l'expérience ne devait servir de rien, si les tableaux du passé n'étaient pas les leçons de l'avenir, si nous étions sortis de la tempête, si les vents et les flots dont nous avons tant souffert, s'étaient calmés, si nous n'avions plus qu'à nous laisser mollement et tranquillement bercer sur un navire poussé par un vent régulier, sur une mer plane, sous un ciel sans nuages, oh ! alors peut-être pourrait-on, sinon arracher, du moins voiler les feuillets deshonorants de notre histoire.

Mais, en sommes-nous là ? Ne sommes-nous pas au contraire en pleine tempête ?

II

Nos ennemis d'il y a douze ans sont aux affaires : ils disposent de la puissance publique, et ils sont plus menaçants qu'ils ne l'étaient alors.

Surpris par la fortune dans un moment de grand désarroi, ils allaient, en 1870-71, sans plan arrêté, sans projets étudiés.

Ils improvisaient en désordre leurs crimes.

Ils étaient obligés d'accepter, au moins une partie de l'ordre des choses qu'ils venaient renverser.

Les lois les gênaient, les mœurs plus encore.

Le réseau social, dont les mailles enlaçaient tout le corps de la nation, leur faisait obstacle.

Les liens qui rattachaient les uns aux autres les divers membres du grand organisme, et tous au passé d'hier, n'étaient pas rompus.

On ne pouvait pas se passer d'au moins une partie d'un personnel qu'on savait hostile.

Les doctrines séculaires dont avait vécu la Nation, régnaient encore sur les esprits et sur les consciences.

On sait bien qu'il est impossible de changer de fond en comble, du soir au lendemain, tout un état social fort savamment organisé, et qui a poussé des racines dans les intérêts de tous.

III

Aujourd'hui tout est changé en leur faveur, et par eux. Maîtres de tout et maîtres absolus, ils disent bien haut qu'ils ont des revanches à prendre.

Et comme ils disposent de toutes les forces sociales, les rouages qui les gênent, ils les suppriment ; les organes du corps social où ils soupçonnent une opposition à leurs desseins, ils s'en débarrassent ou les paralysent.

Les lois mêmes ne les arrêtent pas ; ils les font et défont à leur gré, suivant les besoins de leur fanatisme antireligieux et antisocial.

Revenus, pour un grand nombre, de l'exil ou de la transportation ; amnistiés par leurs complices restés au milieu de nous, ils font gloire des crimes pour lesquels ils avaient été condamnés à la mort ou au bannissement, ils fondent des clubs et des journaux contre leurs juges, les menacent ouvertement de la loi du Talion, et, en attendant, les chassent de tous les postes où ils avaient charge de nous défendre et de nous protéger.

Fabriquant des lois à leur usage, ils ne pouvaient respecter la jurisprudence. Au gré de leurs passions, ils nous enlèvent aux juridictions devant lesquelles, en cas de prévention, nous avions à comparaître ; ils créent contre nous des tribunaux d'exception ; ils imposent à la magistrature des services, et si elle refuse de les rendre, ils la brisent. Ils sont en train de lui ôter son indépendance, qui faisait sa gloire et notre sécurité ; et ils ont déjà créé contre nous un tribunal administratif, entièrement à leur dévotion, en même temps qu'ils dictent au premier Conseil de la Nation les sentences qu'il doit prononcer.

Après avoir enlevé toutes les barrières qui nous protégaient, ils s'excitent à toutes les entreprises criminelles ; et nous pouvons dire en toute vérité que nous ne nous appartenons plus, que rien ne nous appartient plus, et que nous ne sommes assurés d'échapper à aucune extrémité.

IV

S'il était besoin de récapituler des attentats présents à toutes les mémoires, que ne trouverions-nous pas, à partir seulement de ce fameux article 7, dont la chute a produit tant de douloureuses conséquences?

D'abord, elle a fait inventer les *lois existantes*, qui n'existaient pas ou qui n'existaient plus;

Ensuite, elle a fait raturer les lois récentes qui existaient bien réellement, et renverser tout un ordre de choses que ces lois avaient créé.

La conséquence de cette main-mise sur le droit a été l'expulsion et la dispersion des ordres et congrégations religieux, non seulement enseignants, mais savants, contemplatifs, et même agriculteurs;

La violation de leurs domiciles, avec effraction et force armée ;

La confiscation des propriétés les mieux assises ;

La fermeture des maisons d'éducation les plus aimées, les plus nécessaires ;

L'exclusion de tout enseignement religieux dans les écoles primaires ;

La laïcisation de ces mêmes écoles ;

L'enlèvement de tous les symboles religieux, jusqu'aux crucifix, de toutes les salles de classe des maisons municipales ;

L'interdiction de toute prière, de tout livre religieux, jusqu'au catéchisme, dans ces mêmes classes ;

La violence et les pénalités légales contre les parents qui voudraient soustraire leurs enfants à un enseignement contraire à leur foi, à un enseignement athée ;

La défense aux maîtres et maîtresses des

écoles communales des deux sexes, de conduire leurs élèves à l'église, soit pour la messe,
soit pour l'instruction religieuse, soit pour la
confession ;

A la place du catéchisme et de l'histoire sainte,
l'introduction dans les classes de manuels de
morale civique et athée ;

A la place des prières chantées qu'on appelle
cantiques, l'exécution de la Marseillaise et du
Chant du Départ.

V

Voilà en raccourci pour le nouvel ordre de
choses scolaire : la Commune de 1871 n'était
pas arrivée jusque-là. Elle nous menaçait, il est
vrai, des *citoyens instituteurs*, mais elle n'avait pas
encore codifié ses prétentions athées.

Elle avait également menacé les prêtres et
les Frères des Écoles chrétiennes de les envoyer

aux remparts un fusil à la main, afin, disait-
elle agréablement, de leur procurer plus tôt le
bonheur d'atteindre la récompense qu'ils atten-
daient dans le Ciel ; mais, provisoirement, elle
se contentait de leurs services comme brancar-
diers relevant leurs blessés, et de leurs soins
dans les ambulances et les hôpitaux où ils se
prodiguaient.

Aujourd'hui, on les chasse d'auprès du lit
des malades, on les exclut de toutes les maisons hospitalières, on les refuse à nos soldats,
on ne leur permet, qu'en attendant, de se
montrer encore dans nos collèges, dans quelques-unes de nos écoles publiques ;

L'on trouve qu'il y a trop de lieux de
prière et d'instruction chrétienne sur le territoire de la République, et l'on se prépare à
supprimer une vingtaine de mille églises ;

L'on trouve qu'il y a trop de prêtres dans
cette nation autrefois appelée très chrétienne,

et l'on se prépare à mettre bon ordre à un état
si dangereux, en imposant le service militaire
aux jeunes élèves du sanctuaire, en supprimant une grande partie des bourses des Sémi-
naires, en détruisant, ou à peu près, les maî-
trises des cathédrales ;

Plusieurs cathédrales, tous les évêchés créés
ou recréés depuis le Concordat, sont menacés
de la même suppression ;

Les fabriques des églises, ce semble, étaient
trop riches, elles donnaient ou permettaient au
culte trop de pompe ; on leur prépare une bonne
loi pour leur faire un personnel pénétré de l'esprit contemporain, et leur apprendre la bonne
gestion des affaires. La fabrique et le conseil
municipal seront si rapprochés qu'ils tendront
à ne faire qu'un ; la caisse de la fabrique, c'est
le vrai but de la loi nouvelle, sera **entre les**
mains de la municipalité ; ainsi se fera la laïcisation du Banc-d'œuvre.

Dans les grandes villes, à Paris tout particulièrement, des Décrets avaient créé des ressources indispensables à ces mêmes fabriques,
en leur donnant le monopole de ce que l'on a
appelé *l'administration des Pompes funèbres*; c'é-
tait une légère compensation de la spoliation des
biens de l'Église; nos édiles ont les fers au
feu pour brûler ce privilège scandaleux [1].

VI

Ils ont bien d'autres visées : donnant la main
à nos législateurs les plus avancés qui leur ser-

[1] Pour se faire une idée de la nécessité de cette ressource pour
nos églises, l'on doit se rappeler que dans les villes au-dessus de
cinquante mille âmes, il n'y a, dans chaque paroisse, d'émargeant au
budget de l'État, que le curé. Et celui-ci émarge à Paris, à Lyon, à
Marseille, etc., comme dans les moindres paroisses du territoire,
pour mille, douze cents ou quinze cents francs, suivant le degré
de la Paroisse : mille francs pour les succursales, douze cents
francs pour les cures de deuxième classe, et quinze cents
francs pour les cures d'arrondissement. Or, dans chacune de
ces cures, selon l'importance de la population, il y a, sans
compter le reste d'un personnel très nombreux, de dix à vingt
prêtres.

vent de rapporteurs à la Tribune nationale, ils
ont supputé ce que pouvaient valoir en beaux
deniers toutes les cathédrales, toutes les églises
de France, tous les palais épiscopaux, tous les
presbytères, tous les jardins des évêques et des
curés, et ils ont dit : tout cela nous appartient ;
nous pouvons le vendre ou le louer au plus of-
frant et dernier enchérisseur : ce sera une
source de revenus pour nos écoles laïques. Le
projet est sérieux, la menace est imminente.
Nous sommes avertis presque officiellement que
les églises de Paris, dont nous avons bâti la
plupart, sont estimées deux cents millions. La
Madeleine pourrait servir agréablement pour une
entreprise théâtrale, et notre Métropole et
Saint-Eustache pour des exercices de cirque.

Vous voyez bien que l'installation des clubs
en 1871 n'était que le prélude de la prise de
possession que l'on prépare en ce moment. Ce
n'est donc pas sans raison que l'on voudrait

reporter l'attention sur les événements de cette époque, qu'on a trop voulu oublier. Il faut que l'on se les rappelle pour ressusciter, s'il est possible, l'horreur qu'ils inspiraient alors. Cette horreur est nécessaire pour qu'on songe à se prémunir contre le retour prochain des mêmes scènes, de scènes plus terribles encore. Tout ce qui se fit violemment en ces jours de malheur, se fait ou se prépare graduellement aujourd'hui sous le couvert d'une légalité de circonstance. Ce qui n'était que commencé s'achève ; ce qui n'était qu'un projet, se réalise ; ce qui n'était qu'un bouleversement, un acte de colère, devient une révolution radicale, une contre société légale.

VII

Ils touchent à tout, rien ne reste debout.

Nous venons de voir ce qu'ils font de l'enseignement et de la religion ; la magistrature n'est pas plus respectée : en 1871, ils avaient pris comme otage et ils fusillèrent ensuite à côté de notre Archevêque un magistrat éminent ; aujourd'hui, c'est toute la magistrature de France qu'ils tiennent sous leur main, dont ils préparent l'exécution. D'avoir fait et de faire chaque jour des lois à leur usage ne suffit pas ; il faut des juges pour les appliquer ; *réformons* la magistrature et faisons-la à notre image. La France assiste à cela tranquille, occupée de ses amusements.

Un moment, elle s'émut, lorsque des centaines de magistrats descendirent de leurs sièges pour ne pas devenir complices de la violation des lois et de dénis de justice ; lorsque l'Ordre tout entier des Avocats, ayant à sa tête ses plus illustres représentants, éleva son éloquente voix pour une solennelle et irréfutable revendication du droit ; lorsque le Conseil d'État se disloqua et perdit, pour les mêmes raisons, ses membres les plus honorés. Mais cette émotion ne tarda pas à tomber, parce que, après s'être tâté, chacun se dit : après tout, je ne suis pas encore personnellement blessé.

C'est sur quoi comptaient les meneurs de ce train de désordre.

Mais, de proche en proche, le tour de chacun vient. Les pères de famille sont nombreux, ils sont déjà tous atteints : les justiciables sont plus nombreux que les magistrats et les avocats, ils commencent à ne pas se tenir pour rassurés ; les catholiques, qui n'ont pas abjuré leur foi, sont encore la majorité de la nation, ils commencent à se sentir opprimés. Ils s'indignent de voir Dieu chassé de l'école, du lit du malade, des livres d'enseignement, de l'ambulance du soldat blessé ou malade, du navire exposé à tous les dangers, à tous les fléaux des mers et des épidémies ; ils ne comprennent pas

qu'on ait pu imaginer un serment sans Dieu ;
ils veulent une croix au front de leurs cime-
tières ; ils n'entendent pas sans frémir les solennelles professions d'athéisme tombant du
haut des tribunes parlementaires ; ils commencent à s'apercevoir que la religion est la sauve-
garde de leurs droits, de leur dignité, de l'âme
de leurs enfants et de l'honneur de leur vie. Ils
veulent conserver leurs églises ; ils font d'énor-
mes sacrifices pour donner des maîtres chrétiens à leurs enfants, depuis l'école primaire
jusqu'aux écoles supérieures et aux facultés.
Ils s'entretiennent déjà de l'étrange situation
qui leur est faite : ils sont la nation, on les
ruine d'impôts pour payer des services publics
organisés ou réorganisés contre eux ; on bâtit,
à grands frais, de ridicules palais pour enseigner
l'alphabet à de petits enfants d'ouvriers ou de
paysans, et ce sont eux qui payent ; on double,
on triple, on quadruple le traitement des maîtres

installés sans élèves, dans ces palais, et ce
sont eux qui payent; l'enseignement donné par
ces maîtres est contraire à leur foi; précisément
à cause de cela, ils les laissent se morfondre
dans leurs classes vides, mais ils n'en rétri-
buent pas moins grassement leur odieuse et
inutile sinécure; d'autre part, ces malheureux
catholiques, ne pouvant laisser leurs enfants
sans instruction et sans éducation, sont obligés
de créer des écoles pour eux, d'entretenir des
maîtres selon leur conscience, tout comme
s'ils n'avaient pas contribué au budget de l'instruction, tout comme s'ils n'avaient pas, de ce
chef, rempli presque seuls les caisses de l'État.
Ainsi ils payent, et très chèrement, les forte-
resses élevées contre eux, et l'armée organisée
pour leur faire une guerre à mort. Je ne sais s'il
s'est jamais vu une anomalie pareille. C'est
une dérision cruelle. Jusqu'à quand cela du-
rera-t-il?

VIII

Pauvres catholiques ! Ils sont ruinés de toutes les façons. Ce sont eux encore qui payent tous les objets scolaires fournis par les municipalités à leurs écoles sans Dieu ; ce sont eux qui habillent les rares enfants fréquentant ces écoles ; eux qui leur donnent le repas du matin ; car, pour s'attirer des élèves, leurs ennemis n'ont pas seulement déployé le luxe de leurs bâtiments et de leur mobilier scolaire, ils ont encore offert aux familles l'attrait plus engageant de l'économie de toutes les fournitures de classe, de tout ou partie du vêtement de leurs enfants et enfin du repas du matin. Tout cela, bien entendu, aux frais d'un budget pris sur tout le monde, c'est-à-dire sur les catholiques, puisqu'ils sont mille pour un.

Pauvres catholiques ! Ils payent bien autre

chose : leur foi est insultée, outragée à leurs frais. Ce qu'ils appellent l'État s'est mis à solder des cérémonies funèbres, qu'il y a quelques années, ce même État interdisait ou flétrissait. Les enterrements civils devaient alors se faire sans bruit, à des heures honteuses : comme tout cela est changé ! On a commencé par les autoriser avec pompe, on y a convié, sans respect pour l'enfance, les élèves des Institutions d'enseignement public, on y a fait paraître, après débat, le soldat en armes ; puis, nous avons vu des convois menés avec éclat, bannières déployées, accompagnés de démonstrations menaçantes et célébrés dans des discours incendiaires et pleins de blasphèmes. Ah ! s'il s'était agi d'une démonstration cléricale !

On ne devait pas s'arrêter là. Les catholiques n'avaient payé ni les couronnes couvrant les cercueils, ni les immortelles décorant les boutonnières ; ils n'auraient pas été assez insultés s'ils n'avaient pas fait les frais de ces démonstrations de la libre conscience. Après les obsèques des Raspail et des Blanqui, sont venues les obsèques des Hérold et des L. Blanc, que l'État a pris à sa charge ; et après celles-ci, sont venues les obsèques de Gambetta, dernier et plus solennel outrage à notre foi, non seulement payées de notre argent, mais commandées par l'État, ordonnées au nom de l'État, auxquelles tous les corps de l'État ont eu l'humiliation d'être convoqués par l'État. Cette fois, c'est l'apostasie nationale.

Et dire que tout cela se fait au nom de la liberté de conscience ! Autant dire que les vols, dont sont remplies les nouvelles de chaque jour, se font au nom du respect de la propriété ; que les assassinats qui épouvantent les populations se commettent au nom du respect de la vie humaine.

IX

Ceci ne s'était pas vu pendant la Commune. Ce que l'on avait vu, c'est une exhibition ridicule de la franc-maçonnerie. Elle fit mine de s'avancer avec ses insignes vers les *Versaillais*; mais elle n'alla pas loin, et ne quitta guère le rond-point de l'Arc de Triomphe. Nous avons été admis à assister à une démonstration aussi ridicule, mais plus solennelle, toujours à ces obsèques d'apostasie. C'était le triomphe de la franc-maçonnerie. Il a été célébré par ses journaux et par toutes les feuilles de la bonne République. Ils ont dit, et avec raison, qu'enfin on avait eu des obsèques sans aucun signe ni souvenir d'une religion quelconque. Et cela répondait à ce qui s'était dit la veille ou l'avant-veille, en séance du Conseil municipal de Paris : Quelqu'un ayant reproché à M. Hovelacque qu'il voulait remplacer le christianisme par la religion de la franc-maçonnerie , M. Hovelacque se hâta de relever avec vivacité cette erreur outrageante, en rappelant que dans une assemblée générale des franc-maçons, on avait renié toute idée religieuse et proclamé l'Athéisme obligatoire.

A la bonne heure ! vous voyez qu'ils ne s'en cachent plus. Ils sont athées, veulent être athées, font profession publique d'athéisme ; et d'un autre côté ils sont partout, ils sont les maîtres, ce sont eux qui font les lois, qui donnent l'enseignement, qui préparent l'avenir : rendez-vous compte de ce qui vous menace , et demandez-vous s'il n'y a rien à faire pour chacun de nous. Le temps du sommeil est passé ; la diane du salut va sonner ; à chacun de prendre son poste, un poste de combat, car, selon toutes les apparences, la lutte sera rude.

X

Les leçons et les exemples de ceux qui nous gouvernent ont porté leurs fruits. A côté des désordres officiels, ont commencé à surgir des attentats et des doctrines déjà fameux mais libres et qui nous promettent une industrie privée digne de l'industrie nationale. Montceau-les-Mines répond assez bien à l'entrée de la police dans les maisons religieuses, par la hache, l'effraction et la brèche. La dynamite fait son œuvre presque à l'égal des *lois existantes*. Les lettres anonymes ont produit sur les magistrats siégeant à Châlons, à peu près le même effet que le tribunal des conflits sur les victimes de l'arbitraire officiel. Les désordres de Lyon, Montpellier, Marseille, le Havre, Saint-Étienne, Cette, Narbonne, Perpignan, et vingt autres théâtres des hauts faits des légions irrégulières, rappellent volontiers les expulsions de Paris, Poitiers, Solesmes, la Trappe, Rennes, Frigolet, et vingt autres expéditions aussi glorieuses des soldats de l'ordre actuel. Qu'ont-ils fait ces malheureux égarés? ils ont abattu des croix, ravagé des chapelles, pillé et incendié des églises, des presbytères. Ils ont fait sauter par la dynamite la statue de Notre-Dame-des-Mines et la porte de l'Église de Montceau; ils ont arrêté le curé et envahi, armés de fusils et de fourches, un couvent de religieuses, et une école où ils ont maltraité plusieurs Frères de la doctrine chrétienne. Qu'y a-t-il là, sauf le choix des armes, qui n'eût été pratiqué officiellement? S'ils n'ont pas encore découvert les lois existantes, au nom desquelles ils opèrent, ils ont leurs lois en projet, et la liste en est aussi longue que menaçante. Ils n'en font pas mystère; ils l'étalent au contraire, la discutent et la votent en congrès. Et voici un résumé du programme adopté en 1880, au congrès du Havre (1). Il vous sera facile de voir que les officiels et les irréguliers ont beaucoup de points de contact et qu'ils doivent finir par marcher et agir d'accord.

XI

Donc, voici ce qu'ils veulent :

« Suppression du budget des cultes, retour à la nation de tous les biens dits de main-morte, meubles et immeubles, appartenant aux corporations religieuses ;

« Instruction scientifique, professionnelle et intégrale de tous les enfants mis, pour leur entretien, à la charge de la société, représentée par l'État et par les communes ;

(1) Ceci est tiré d'un article fort bien fait de M. G. Ferrère, inséré dans la *Revue mensuelle, La Croix,* et intitulé : *La Guerre sociale.*

« Suppression de l'héritage en ligne collatérale et de tout héritage en ligne directe, dépassant vingt mille francs. »

C'était déjà joli comme cela : cependant, ce fut bientôt regardé comme trop modéré et par trop incomplet.

Vint un nouveau parti plus viril, d'après lequel l'État est responsable de toutes les misères dont est accablée la pauvre humanité. Il déclare que la société, telle qu'elle existe, est une caverne d'iniquités. Il lui faut mettre tout sens dessus dessous pour réaliser par cette méthode simple et rapide ses aspirations à la jouissance des biens de la terre.

« Puisque, dit-il, les ouvriers sont les victimes d'un régime tyrannique, il est plus simple de s'attaquer à la source de la tyrannie, en supprimant le prolétariat, en expropriant, ou, pour employer l'expression consacrée, en *résorbant* les classes supérieures, les classes spoliatrices. Tout est pourri, donc il importe de tout anéantir : Moralité, religion, propriété, justice, église, police, tribunaux. »

La destruction totale pour but, la dynamite pour moyen, tel est le programme.

Écoutez ceci et vous me direz si je leur prête des projets qu'ils n'ont pas conçus : ils sont divisés par groupes, correspondant ensemble d'un bout de la France à l'autre.

Ceux de Cette écrivent : « Guerre à outrance à cette société inique et corrompue, où l'honnête homme souffre et travaille, tandis que le scélérat, sans entrailles, se gave de jouissances et se vautre dans le bourbier de sa débauche. »

Le groupe de Villequier, dans la Seine-Inférieure, leur répond : « Flétrissez sans pitié ces vampires qui se vautrent dans la rue, avec la sueur des prolétaires. »

Ceux de Vienne ajoutent : « Le prolétaire devra se servir de tous les moyens qu'il a à sa disposition : le feu, le fer, la poudre, la guerre sans trêve ni merci à ces capitalistes qu'on appelle propriétaires, magistrature, armée, clergé, gouvernement. »

« Ce ne sera plus le fusil à la main que nous descendrons dans la rue pour attaquer votre classe qui a à sa disposition des centaines de milliers d'hommes, armés jusqu'aux dents ; non, nous n'emploierons que les moyens que nous donne la science, que nous a dévoilés la chimie. Pour vous détruire, tous les engins seront bons, depuis le poignard et la dynamite jusqu'au poison et au pétrole... C'est avec l'aide de la science que nous accomplirons la liquidation sociale. »

Voici, d'ailleurs, l'ordre dans lequel la liquidation sociale s'opérera ; laissons la parole à un citoyen dont la place est grande et bruyante parmi les siens ; un citoyen en passe d'être législateur et membre du Comité du Salut public

en formation, le citoyen J. Guesde, en un mot :
« C'est par le pouvoir politique que nous débuterons, dit-il. C'est le parlement qui devra
le premier être emporté, avec ou sans dynamite ; le comment nous délogerons la bourgeoisie du gouvernement, dépendant non des
hommes, mais des circonstances. Le pouvoir
d'abord, la propriété ensuite. l'Église enfin, —
s'il en reste, — tel est notre plan. »

Il me semble qu'en voilà bien assez pour
nous tenir comme renseignés sur le sort qui
nous est réservé, grâce aux faiblesses, aux
complicités, aux attentats de ceux qui avaient
pris charge de nous défendre ; grâce à la mollesse, à l'amour du repos et du plaisir et à une
espèce de léthargie de ceux dont la destinée
se joue dans ce champ clos, je devrais dire,
dans ce cirque de bêtes féroces.

Vous devez comprendre maintenant pourquoi
l'on a admis et récompensé avec éclat la révolte

dans l'armée, pourquoi la police est désorga-
nisée, pourquoi la gendarmerie même, ce corps
d'élite, est déshonoré et désarmé devant l'é-
meute. Il fallait désemparer la place avant
d'essayer de l'occuper. Et c'est le complément
de toutes les ressemblances de notre commune
légale avec la commune improvisée de 1871.

Voilà les raisons pour lesquelles je me suis
laissé persuader qu'on pouvait publier un
humble écrit qui rappelle ce qu'on n'aurait
jamais dû oublier.

Table des Matières.

TABLE DES MATIÈRES

RENNES, ALPHONSE LE ROY FILS

Imprimeur breveté.

Reliure serrée

Bibliothèque nationale de France - Paris

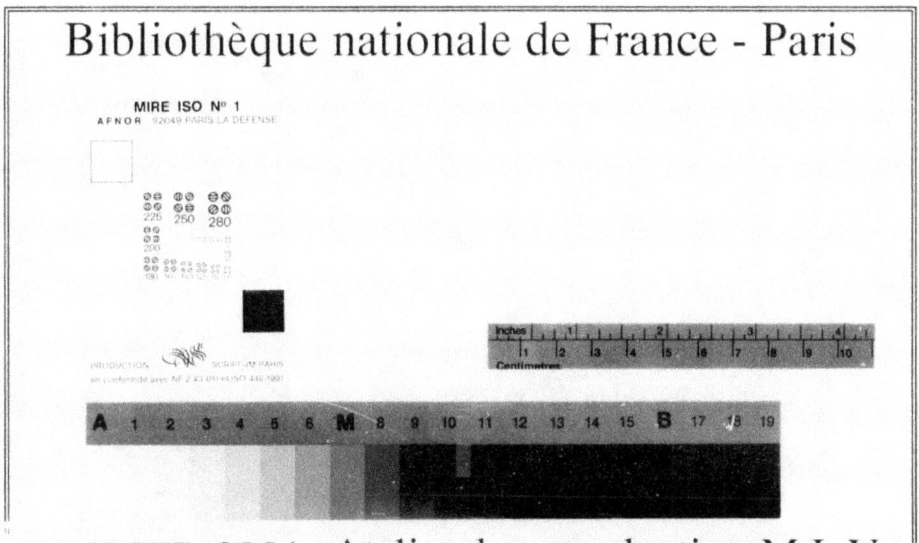

FEVRIER 2001 ·Atelier de reproduction-M.L.V